柏川

모서울
사이로
바람이

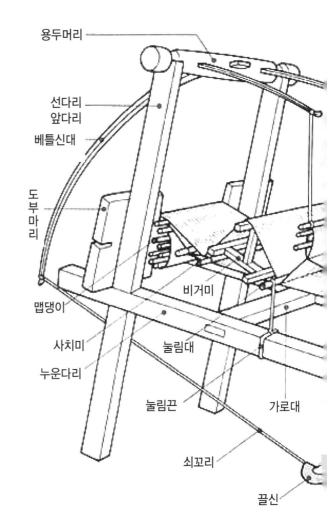

용두머리

선다리
앞다리

베틀신대

도부마리

맵댕이

비거미

사치미

눌림대

누운다리

눌림끈

가로대

쇠꼬리

끌신

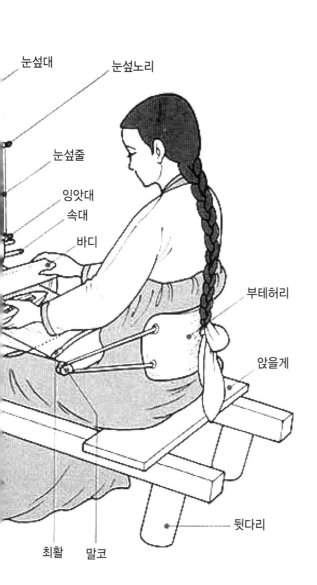

눈섶대　　　눈섶노리

눈섶줄

잉앗대
속대

바디

부테허리

앉을게

뒷다리

최활　　말코

시와소금 시인선 · 111

모시올
사이로
바람이

구재기 시집

시와소금

모시풀은 숙근성 초본 다년생 작물로 한번 심으면 10년 정도 수확할 수 있다. 서천군에서 재배하는 저마는 재래종과 백피종이 있는데 백피종이 주로 재배된다. 재래종은 가늘게 쪼개지고 윤이 나며 질기나 길이가 1.24m 이하로 짧고 수량이 적게 나오며, 백피종은 보통 1.55m로 길이가 길고 수량이 많이 나온다.

01. 모시풀 재배

모시풀 수확은 심은 당해 년에는 2회 2년 째부터는 3회 수확을 할 수 있으며 가장 적당한 수확기는 대략 6월 하순에서 7월 초순, 8월 하순에 이수, 10월 상 하순에 삼수로 연간 세 차례 수확한다.

02. 모시풀 수확

태모시 만들기는 종근을 심어 저마를 재배하고 다 자란 모시풀을 베어 모시풀 바깥층을 벗겨내고 속껍질로 태모시를 만든다.
모시풀의 속껍질을 햇볕에 말리고 물에 적시기를 네다섯 번 번갈아 하면 모시의 최초 섬유질을 추출하는 과정인 태모시가 생산된다.

03. 태모시 만들기

태모시를 이로 쪼개서 모시 섬유의 굵기를 일정하게 하는 과정으로 상저, 중저, 막저로 구분되는 모시의 품질이 나온다.
태모시의 품질과 모시째기의 숙련 정도에 따라 모시의 품질이 좌우된다.

04. 모시 째기

모시째기를 끝마친 다음 모시섬유 한 뭉치를 "쩐지"라는 버팀목에 걸어놓고 한 올씩 빼어 양쪽 끝을 무릎에 맞이어 손바닥으로 비벼 연결시켜 광주리에 차곡차곡 쌓아놓는 과정을 거친다.
이 과정을 거침으로써 모시굿이 완성된다.

05. 모시 삼기

06. 모시 날기

10개의 모시굿에서 "젖을대"의 구멍으로 실 끝을 통과시켜 한 묶음으로 한 후 날틀에 걸어 한 필의 길이에 맞추어서 날실의 길이로 날고 새수에 맞추어 날실의 올 수를 맞춘다.

07. 바디 끼우기

바디의 종류는 모시베, 명주베, 무명베, 삼베 등 짜는 옷감의 종류에 따라 다르기도 하고, 같은 모시베를 짜는 바디라 할지라도 베의 바탕 올이 가늘고 굵기에 따라 9새에서부터 18새까지 모두 다르다. 모시의 새수는 바디 끼기에 의해 결정된다.
바디 끼우기는 날실이 일정한 새와 폭으로 유지될 수 있도록 하는 과정이며 이 작업과 병행하는 것이 꾸리 감기이다. 꾸리 감기는 씨줄을 만드는 과정으로 모시 짜기를 할 때 씨실 꾸리를 북에 담아 사용한다.

08. 모시 매기

모시매기의 "매다"는 "다했다"는 완성의 의미가 있다. 모시 매기는 바디에 끼워진 모시를 한쪽은 도투마리에 매고 다른 끝은 "끌게(도투마리를 감으면 끌려온다 하여 붙여진 이름)"에 매달아 고정을 시킨 후 콩가루와 소금을 물에 풀어 만든 풋닛가루를 뱃솔에 묻혀 날실에 골고루 먹인다. 그리고 이음새를 매끄럽게 하고 왕겻불로 말리면서 도투마리에 감는 과정이다.

09. 모시 짜기

모시 짜기는 실내가 건조하면 실이 말라 바스러지는 등 많은 습기를 요하기 때문에 습도 조절이 매우 중요하다. 대부분 반지하의 움막에서 모시를 짜는 원시적인 방법에서 크게 벗어나지 못하고 있는데, 여름철에는 대부분이 고통스럽게 작업을 하며, 베틀에 앉아 전신을 움직이며 하는 힘이 많이 드는 노동이다. 또 이 작업은 상당히 숙련된 기술이 필요하며 숙련도에 따라 모시를 짜는 기간이 달라진다. 보통의 경우 3일에 1필 정도를 짜는 것이 일반적이다.

10. 한산모시 완성

모시풀 재배, 모시풀 수확, 테모시 만들기, 모시 째기, 모시 삼기, 모시 날기, 바디 끼우기, 모시 매기, 모시 짜기의 힘든 과정을 거쳐야 한 필의 한산모시가 비로소 완성된다. 지난한 작업이다.

▌**구재기**丘在期

- 충남 서천군 시초면 출생. 1978년《현대시학》등단.
- 시집으로『자갈전답』『농업시편』『바람꽃』『삼십리 둑길』『둑길行』『빈손으로 부는 바람』『들녘에 부는 바람(장시집)』『콩밭 빈 자리』『千房山에 오르다가』『살아갈 이유에 대하여(제6회 시예술상본상 수상시집)』『가끔은 흔들리며 살고 싶다』『편안한 흔들림』『추가 서면 시계도 선다(2014. 세종도서문학나눔 선정 시집)』『흔적痕迹』『공존共存(2016. 충청남도 문화예술진흥기금 수혜 시집)』『갈대밭에 갔었네』『휘어진 가지(제4회 신석초문학상 수상 시집)』외.
- 시선집으로『구름은 무게를 버리며 간다』등.
- 충남도문화상, 시예술상본상, 충남시협본상, 한남문인상, 신석초문학상 등 수상.
- 충청문인협회장, 충남시인협회장 등 역임.
- 현재 40여년의 교직에서 물러나〈산애재蒜艾齋〉에서 야생화를 가꾸며 살고 있음.

- 주소 : (우32240) 충남 홍성군 홍성읍 문화로 72번길 92
  (주공그린빌) 102동 702호
- 전화 : 010-5458-0642
- Cafe : 산애재蒜艾齋(http://cafe.daum.net/koo6699)
- E-mail : koo6699@hanmail.net

참 오랜만에
고향의 품에 들었다.
아니, 한산모시의 품에 안겼다.
1979년부터 대전으로 홍성으로 살아 숨 쉬다가
내가 태어나고 자란 충남 서천의 땅.
33년 만에 다시 안긴 고향의 흙은
언제나처럼 처음처럼 부드러웠다.

맨 먼저 맞아준 것은 한산세모시였다.
그 속에서 어머니와 다섯 누이들의
맥박소리와 숨소리를 겹으로 들었다.
모시풀 포기나누기로부터 싹틔우고, 기르고, 수확하고,
째고 삼고 날고 매고 짜서 이룬
한산 세모시 옷, 올 올마다 흥건한
우리의 어머니들 누이들의
석 되나 되는 침, 그 고운 냄새에
나는 이미 이골이 나도록 길들여져 있다.

이제는 「蒜艾齋산애재」라 명명한
고향집 터전 이곳저곳에서 피어나는
야생화와 나무의 향으로
짙은 그늘이도록 드리워 본다

2019년 炎天염천 아래,
蒜艾齋산애재에서

丘在期구재기

| 차례 |

| 시인의 말 |

제1부 모시밭에서

제2부 이골이 나다

제3부 베틀에 앉아

제4부 참외 서리

서시序詩
— 모시의 말

내 살을 벗겨
내 살의 거죽을 벗겨
이 뜨거운 열기의 세상
조금이라도 벗어날 수 있다면
누구라 한들 마다할 수 있겠는가
생명이 붙어 있는 한
나의 밑동은 여전히 잘려나갈 것이다
한낮에 이글거리는 햇살도
한밤 어둠을 씻어내는 달빛도
모두 다 하나의 하늘빛
내 겉가죽이 익어가는 동안
잠시 바람과 함께 흔들리다가
내 잎 뒤에 숨은 은빛도
빛은 빛이라 하지만, 뜻을 세워
홀로 살아갈 수만은 없다

구름이 밀려와도 지상에는, 아직도

불타는 세상이 아닌가

＊ 모시풀 : 쐐기풀과의 여러해살이풀로, 중부 이남(특히 충남)에서 잘 자란다. 모시풀은 키 1.5m
정도이며 곧게 자라는 줄기가 뭉쳐나고 많은 땅속줄기가 있다. '저마(苧麻)'라고도 하며 줄기의
껍질은 예로부터 훌륭한 섬유 자원으로서 모시의 원료가 되는데 충청남도 한산(韓山)은 모시의
주요 재배지로서 세모시가 유명하며, 이곳의 모시를 특히 '한산모시'라고 하여 특상품으로 치고
있다. 약으로 쓸 때는 탕으로 하여 사용하고, 외상에는 달인 물로 씻거나 짓이겨 붙인다. 또 충청
도 및 일부 지역에서는 모시풀에서 즙을 짜내어 쌀가루나 밀가루와 섞어 모시떡이나 모시국수,
모시송편 등을 만들기도 하고, 모시풀 잎을 통째로 전으로 부쳐 먹기도 하며, 이러한 음식들은
오늘날 여름철 건강식품으로 점차 인기를 얻어가고 있다.

제1부

모시밭에서

한산모시
─ 그 전설을 찾아서

비 온 뒤에 햇살이 돋자 노인은 여느 날처럼 산에 올랐어요. 약초를 캐기 위해서였지요. 그러다가 산비탈에서 그만 쪼르르 미끄러지고 말았어요. 정신없이 미끄러져 내리면서 손에 닿는 나무 하나 움켜쥐었어요. 움켜쥔 나무가 뿌리께서 툭 끊어져 버리더니 곧 고주배기에 걸렸어요. 올가미처럼 척 걸렸던 셈이지요. 그 바람에 더 이상 미끄러지지 않았어요. 움켜쥔 나무는 뿌리로부터 끊어지고 꺾어지기는 하여도 잘라지지는 않았어요. 참 질기기도 한 거지요. 노인은 정신을 차리면서 참 이상한 나무도 다 있구나 생각했지요.

그러나 자세히 살펴보니 나무가 아니라 풀이었어요. 아니 풀이 분명한데 어찌 보면 나무 같은 거예요. 처음 보는 잎이며 처음 보는 꽃이며, 처음 맡아보는 냄새며, 모두가 처음, 처음이었어요. 다 자란 듯 키가 모두 비슷비슷 노인의 키보다 조금 컸어요. 그중 하나를 골라 손으로 낚아챘어요. 쉽게 뿌리로부터 끊어져 나와 쉽게 부러졌어요. 쉽게 부러지기는 하여도 잘라지지는 않는 나무 같은 풀. 껍질이 무척 질기기 때문이었지요. 고스란히 껍질을 벗겨냈어요. 껍질을 벗겨내니 그 속에 또 껍질이 있었지요. 속껍질이 있었어요. 미끄럽게 잘 벗겨졌어요.

약초 캐기를 그만두고 집으로 돌아와서 나무 같은 풀의 겉껍질을 벗겨내고 다시 속껍질을 벗겨내면서 살펴보았어요. 그 느낌이 예사롭지 않았지요. 보들보들하였지요. 무척 보드라웠어요. 그런데 그 속껍질이 무척이나 질겼어요. 양손으로 힘껏 잡아당겨도 끊어지지 않았어요. 참으로 놀라운 일이었지요. 껍질이 실낱같이 갈라지기도 했어요. 아니 실낱처럼 가늘게 쨀 수 있었던 것이었지요. 무릎에 대고 잘게 쨈 속껍질을 이어보아도 역시나 무척 질겼어요. 아, 이 질긴 속껍질이 산비탈에서 나를 구해냈구나. 가만히 살펴보니 속껍질이 하늘빛을 닮아 있어요. 하늘의 마음을 가졌다고 생각한 거지요.

지금으로부터 1,500년 전 삼국시대 이야기지요. 그러니까 한산모시는 긴 세월의 하늘빛과 함께 하고 있는 것이지요.

* **고주배기** : 충남 서천지방의 사투리로 줄기를 잘라낸 나무의 밑동.

모시밭에서

모시밭에 바람이 분다
지난 장날
모시 팔러 떠난 뒤
소식 없는 남편을 기다리며
절간에 다녀왔다는
당산 밑 아낙의 눈물 바람이
아침부터 내려와
온몸을 흔들며 놀고 있다
모시 한 필 팔아야
새끼 학교 등록금도 안 된다며
몇 날 며칠 잠 못 이루더니
성주 탄광으로 떠나버린 것일까
성황당고개 밑 주막집
막걸리집 색시가
몇 일째 보이지 않는다더니
일숫돈 이자조차도 못 갚았는데
야반도주라도 한 것일까

모시밭에서 불던 바람이
울안으로 들어와
빨랫줄에 걸린 태모시를
자꾸만 흔들어대고 있었다

포기나누기

모시 포기를
나눈다는 것은
새로운 생명을 꿈꾸는 것
간밤 짙은 어둠 속에서
더듬거리며 찾아 나섰던
어둡고 침침한 꿈길
어수선히 자고 일어난 아침
모시 뿌리 하나하나 살펴보다가
하얀 뿌리를 덮고 있는
마알간 이슬을 손에 묻히고 나면
생명은
깨달음에 따라 정하여지는 것
모시 포기를 나눈다는 것이
이리도 마음을 돌리게 하는가
간밤의 어둠을 물리치던
두 눈길을 낮추면
마음 한 번 돌리게 되고

어둡고 침침했던 길

아침 햇살처럼 밝아지는

거기, 비로소 자리하기 시작하는

새로운 세상의 생명 하나

모시 포기를 나누면서

내 몸도 내 소유가 아닌

또 다른 생명임을 문득 깨닫는다

검불거두기

깊이 잠든
잠을 깨우며, 깨우며
살아가는 세상이라면
세상은 맑고
향기로워지지 않을까요?
모시밭 검불을 거두며
잠시 갈퀴질을 멈추고 나면
갈퀴살로부터 차르르 밀려오는
새 생명의 향기
깊은 잠에서 벗어나
하심下心한 몸과
마음의 소리가 맞물려
지상의 햇살과 만나는
찬연한 소리가 들려온다
모시밭 검불을 거두며
마음 깊이 잠들어 있던
한때 어지러웠던 마음까지도 거두며

조금도 들뜨지 않은

모시풀의 어린 싹을 만난다

모시싹을 바라보며

이 시대를 살아가는데
바람은 필요해서가 아니라
어쩔 수 없이 만나게 되는 것
그냥 그렇게 몸은 하나같이
인연이다 싶게 만나는 것
모두가 내 뜻만의 것이 아니다
인연과 인연이 모여
아, 구름처럼 덧없는 것
모시싹은 소리 없이 돋아나고
그 위에 구름이 그림자로 내리고
바람이 살결을 스쳐 지나다 보면
모든 것은 바로
마음에서 만들어지는 것
바로 이때 침묵은
모시싹을 이루는 가장 기본적인 것
그 침묵으로 모시싹은
움이 트고, 잎이 피고, 꽃을 맺으며

바람을 만나면 바람과 함께
구름을 만나면 구름과 함께
한 마디로 충분할 말[늘]로
두 마디 이상의 말을 아낀다
멀리 공중을 날아
산봉에 내려놓고 있는 구름처럼
줄기를 키우고 있는
모시의 어린싹을 굽어본다

모시꽃

봄이 와서
여름에 이르러
모시는 비로소 꽃을 피운다
7월, 8월, 모시꽃 피어서
매미들은 울고
매미, 떼 지어 울어서
여름은 이미 절정이다
모시꽃 피지 않아서
울지 않는 매미들은 없다
매미 없는 여름이라면
모시꽃이 피어날까
아무 생각 없이
매미 소리에 두 눈을 밝혀
모시꽃 피는 모습을
바라보는 일
얼마나 시원한 여름인가

모시꽃 피어

모시꽃 위에 쌓이는

한여름 매미 울음소리

*모시꽃 : 7~8월에 피는데 암수한그루의 작은 단성화로, 수꽃이삭은 원줄기 밑부분의 마디에 달
려 먼저 피고 암꽃이삭은 위쪽의 마디에 달리는데 수꽃과 암꽃 이삭이 갈라지는 마디에는 양성
의 단성화 또는 양성화도 달린다. 수꽃은 황백색인데 4개의 꽃턱잎과 4개의 수술로 되어 있으며
아침 10~12시경에 핀다. 암꽃은 연한 녹색인데 통 모양의 털 많은 꽃덮이에 싸여 있으며 개화할
때는 1개인 암술에서 암술머리가 밖으로 노출되고 여러 개의 꽃이 모여 둥글게 된다. -「daum백
과」에서

모시를 수확하며

이른 아침
아버지의 모습이 보이지 않았다
엊저녁 수채 곁에서
박힌 숫돌에 조선낫을 갈던
아버지의 모습이 보이지 않았다
아침 햇살 가득한 모시밭
이슬이 촉촉이 배인 모싯대 사이
아침 바람이 지나고 있는지
모싯대 한 옹큼씩 흔들리더니
아, 그렇구나, 그렇구나
아버지는 모싯대를 베고 계셨다
아침햇살을 등받이로 하여
이슬과 함께 수확하고 계셨다

오월의 끝자락
신록이 녹음으로 가는 어느 날 아침

*수채 : 빗물이나 집안에서 버린 허드렛물 따위가 흘러나가도록 만든 시설.

*모시 수확 : 1년에 3번 수확하는데 처음은 5월 말~6월 초이고, 2번째는 8월 초~8월 하순이며, 3번째는 10월 상순~ 10월 하순이다. 거두어들이는 시기는 밑둥이 갈색으로 변하고 밑의 잎이 시들어 마를 때가 가장 좋으며, 시기를 잘 맞추어야 질이 좋은 모시를 거둘 수 있다고 한다.

모시밭에 내리는 비

모시밭에 내리는 비는
하늘빛이에요
너른 모시잎 속에 스며들어
길쭉하게 자라난
결 고은 모싯대에 젖어들어요
하늘빛 말고는
안으로는 얻을 바가 없고
밖으로는 구할 것이 없지만
하늘빛으로 내린 비는 고스란히
그 꼿꼿한 모싯대를 감싸고 있어요
사람들은 모싯대를 밑동에서 잘라
그 허리를 꺾어
껍질을 벗겨내지만
실은 그 껍질 속
하늘빛을 긁어모으는 거에요
보셔요, 햇살 속에 널린
태모시 빛깔에서 조금씩 빠져나가

다시 하늘로 올라가
하늘빛으로 변해버리고 있는 것을

하늘빛을 하늘로 보내고서야
태모시는 지상의 백모시가 되어가는 거지요

겨울, 모시밭

머문 바 없이
응당 품은 마음을
조금씩 드러내고 있을 것이다

부드레한 검불에 덮혀
온기에 가득 차서
한겨울에도
어떤 빈틈이 보이지 않고
어린 봄을 꿈꾸기에도 어렵지 않다
이따금 불어오는 바람에
검불 몇몇이 부드득 소리를 내며
몸을 비틀기는 하지만
겨울도 이미
두려운 존재가 아니다
때를 만나지 못하여
품은 뜻을 굽힌 적은 없다
도리에 어긋나게

겨울을 탓한 적도 없다

그런데 잠깐,

하늘을 날던 부등깃* 하나

어쩌다가 이리 날아와 누웠는가

갑자기 내밀거나

나뒹구는 가랑잎처럼

좀 곱게 불그스름해진다

한겨울 검불 속에서

모시풀은 시방

불꽃심을 마련하고 있을 것이다

***부등깃** : 갓난 날짐승 새끼의 어리고 약한 깃.
*겨울철에는 모시밭을 짚 등으로 덮어주어 모시 뿌리가 얼지 않도록 보온을 해준다.

모시 송편

모시 송편에서
모시밭을 지나던
바람을 만날 수 있을까
바람은 분명
어떠한 형상도 없는데
형상을 찾는다는 것은
허망한 일이다
하늘의 반달을 찾아 나서듯
모시 송편 하나 집으려고
마음을 내다보면
하늘은 응당 머물지 아니하고
구름 속에 반달을 품는다
일체가 꿈과 같고
물거품 같고 그림자 같고
이슬과 같고 번개와도 같은 것
응당 형상도 없이
모시밭을 지나던 바람이

모시 송편 하나에

빈 배를 부풀리고 있다

*모시송편 : 멥쌀을 데친 모시잎이나 생모시잎과 함께 멥쌀을 섞어 곱게 빻아 만든 송편.

모시 송편을 먹으며

헛간 지붕 위로 박꽃이 필 무렵
모깃불 연기 조근조근 밀려오는
밀짚 방석에 앉아 저녁 밥상을 받고나면
여린 모싯잎 나물부터 먼저 집어들었다
생모시적삼을 입은 할머니 냄새가 향기로웠다

분꽃잎에 이슬이 내리고
하늘의 별들이 하나둘씩 내려와 반짝이면
아무리 먹어도 체할 리가 없다는 모시 송편을
어디서 그리 많이 구해오셨는지 할머니는
—모시 송편 먹지 않으련?
반짝이는 누이들의 눈빛을 굳이 외면하셨다
바다에서 퍼 올린 소금으로 간을 하고
뜨거운 물을 멥쌀가루에 부으며
모시잎가루와 반죽하고
맨 나중엔 밀가루를 살짝 뿌려주면
송편 빚을 때 손에도 묻지 않는다 하셨다

송편을 먹을 때도 늘어붙지 않는다 하셨다

핏방울 붉게 떨어지는 손가락을
모싯잎을 찧어 친친 감아주시던
할머니가 보고 싶었다

보리밥을 짓기 전에는 먼저 보리를 잘 씻어 물에 충분히 삶았다.
삶은 보리를 체로 건져 완전히 물기를 뺀 다음 무쇠솥에 안치고,
가운데에 쌀을 올려놓고 밥을 지었다. 뿌연 김이 모조리 사라지면
쌀 많이 섞인 두어 사발 이밥은 아버지와 손자인 나의 몫으로, 나
머지는 보리 많이 섞어버린 (아니 순전한 보리밥이었다, 할머니 말
씀으로는 부드럽고 맛있는) 보리밥, 다섯누이들 차지였다. 아버지
와 단 둘이만 마주한 밥상 위에는 별빛이 가득 내려앉은 하얀 쌀
밥 두 그릇. 밥상 앞에서 할머니는 매우 철저하셨다

그 옛날 명절이나 되어서야 포식할 수 있었던 시절이 지나고
무쇠솥도 사라진 지금

이팝나무 꽃이 뭉텅이로 하얗게 피어난 6월 어느 날

시집간 다섯 누이를 불러

모시 송편을 새삼스레 배불리 먹으면서

아무리 먹어도 체하지 않는다는

할머니의 목소리를 들추어내듯 듣고 싶은 까닭이 나에겐 있다

*생모시적삼 : 천을 짠 후에 잿물에 삶아서 뽀얗게 처리하지 아니한 모시로 지은 적삼.

모시 향기

이전에
몰랐다 하더라도
지금 모시 향기 속에 들면

이 세상은
한결 푸르리라

구름을
벗어난 달처럼
세상은 환해지리라

모시적삼
겨드랑 밑에 깃드는
갈신거리는 모시 향기

*갈신거리다 : (사람이나 물건이 눈에) 자꾸 띄다.

모시 생막걸리

주소를 고향으로 옮긴 날 저녁
미리 전화로 약속했던
초등학교 동창을 불러내어
처음으로 읍내 음식점에 들렀다
전에는 술집, 막걸리집이라 불렀던
초가 술집이 있던 자리
훔씬 구워낸
붉은 벽돌로 번지르 지어 놓은
'가든' 이라 불리는 음식점
모시 막걸리를 판다 하여
어둠과 함께 육중한 출입문을 열자
그 잔잔했던 술집
할머니의 미소는 보이지 않고
부르지도 않은 젊은 아낙이
의자 하나 끌고 바싹 다가와 앉으며
함박꽃 같은 미소를 던진다
―이 동네 사람이 아닌가 봐요

대설이 가까워오니

첫눈이 내리려는 것일까

동창생과 주거니 받거니

먼저 간 동창의 안부를 물으며

잡냄새가 없다는

모시 생막걸리를 마시기 시작하는데

내 얼굴을 빤히 들여다보며

요즘 불경기라

너무 장사가 안 된다

안주 하나 시켜달라며

젊은 아낙은 끝내

묻지도 아니한 소리를 지껄여댄다

—술 한 잔 하시고 노래방에 안 가실래요?

순간, 모시 생막걸리에서 웬 잡냄새가

확 풍겨져 나왔다

모시차 한 잔

대나무밭에 선 왕솔나무 한 그루

바람이 불어대니

솔바람일까 대바람일까

달빛이 묵화墨畵처럼 휘두르던

그림자를 토방 밑까지 끌어들이자

생숙대와 밀짚대를 섞어

마당 가운데에 모깃불을 피운다

하루 종일 뛰어놀던

손주 녀석은 이미 깊은 잠에 빠져 있고

멀리 있는 지우知友의 카톡도 내려놓고

추억처럼 전선줄을 끌어당겨

전기포토에 물을 끓인다

모시차를 끓인다

문득 바람 한 줄기 겨드랑 밑으로 파고들자

대바람 솔바람 한 자락씩 잡아

슬그머니 전기포토 속에 밀어 넣는다

점점 깊어가는 여름밤

풀벌레 울음소리 가득 차오르고

달은 토방 밑 그림자마저 지우고

구름 뒤로 숨어들려 하자

하얀 박꽃이 피어나듯

물 끓는 소리가 일순 잠잠해진다

홀로 마시는

모시 차 한 잔의 맑은 맛

아련히 깊어지고, 아늑한

달빛이 한결 차고 쓸쓸해진다

앉은뱅이술

어떠한 어려운 일이나
고통을 달게 받을 수 있다면
나 자신을 섬[島]으로 할 수밖에 없다
시작과 끝이
끊임없이 돌고 돌아
세상은 분명 유한하지 않다
깊은 침묵으로서만
바른 답을 얻을 수 있을까
내가 나를 찾을 수 있을까
청정한 바다, 출렁이는 삶이
오래 지속되도록
섬은 언제나 바다에 떠 있다

모두 일치하고
앉은 자리, 그대로 앉은 채로
순서처럼 특별한 의미를 가진다
앉은 자리, 섬이 있어

바다의 흰 물결은 절로 나고

바다는 섬을 만나

판에 박은 듯 닦여지면서

마침내 한 소멸을 준비한다

*앉은뱅이술 : '소곡주素麯酒'란 뜻은 '누룩(麯, 누룩)이 적은 술' 또는 '누룩이 고은 술로 담은 술'이란 뜻이다. 한산모시의 고장인 서천군 한산면에서 만들던 술로 맛과 향이 뛰어나 백제 왕실에서 즐겨 마시던 나라의 진상품으로, 그 맛에 반하여 즐겨 마시다가 과거를 보러 가던 선비들이 앉은뱅이처럼 일어나지 못하고는 그만 과거에 응시조차 못 하게 했다는 데서 '앉은뱅이술'이라고도 불려왔다. 조선 후기 이규경李圭景이 「오주연문장전산고五洲衍文長箋散稿」에 조선의 명주로 소개한 한산소곡주는 손으로 빚어내는 가양주일 뿐만 아니라 생주균이 살아있는 민속 고유의 전통주이기도 하다.

제2부

이골이 나다

모시풀을 벗기며

부듯하고 풋풋한
모시풀 껍질을 벗겨낼 때마다
싱그런 냄새가 묻어난다
아침 이슬이 마르기 전
조금도 부드득거리지 않는
부치지 않는 숨소리가 난다
천부天賦로 지닌 모시풀의 부접
지상의 어느 것이
이에 젖어 들지 못하랴
두 손을 앙 쥐어
모싯대를 부러뜨리다가
마른 손부터 승겁드는 걸
아침 햇살 속에서 깨닫는다
위로 환히 열린
처마 밑 제비집에서, 문득
새끼 제비들이 노란 주둥이로
재재거리는 모양이 한결 예뻐 보였다

***부듯하다** : 꼭 맞아서 헐렁거리지 않다.
***부두득거리다** : 자꾸 세게 문질러지거나 마주 갈리는 소리가 나다.
***부접** : 남이 따를 수 없는 부드러운 성질.
***승겁들다** : 그리 힘들이지 않고 저절로 이루다.
***모시풀 벗기기** : 자라난 모시를 베어 모싯대로부터 모시껍질을 벗겨내고, 이를 다시 모시칼을 이용하여 또 한 번 겉껍질을 벗겨낸다.

태모시

한여름 매운 햇살에
빨래처럼 빛바랜 채로 걸려
바람에 삐척이는 태모시에서는
푸른 물방울이 뚝뚝 떨어진다
썩 드문 일이라서
좀처럼 보기 어려운 일이다
온종일 햇살에
한껏 무르익어, 관능적으로
아름다운 모습
혼자서 마음대로
주체할 수 없는 일이다
보고 들은 대로 수다스럽게 말하여도
빨랫줄에 걸린 태모시빛
천하를 두루 돌아다니던
바람 한 줄기라 하더라도
함부로 말할 수 없는
깊은 소沼에 들어 숨어 있다

푸른 물방울이 뚝뚝 떨어져

태모시, 천인千仞의 물결

하늘 아래 하늘빛으로

바람 깃에 솔솔 묻어나고 있다

*천인千仞 : (산이나 바다가) 몹시 높거나 깊음
*태모시 : 모시밭에서 재배된 모시풀(저마)의 껍질을 벗겨 모시 칼로 가장 바깥층을 벗겨내고 속
껍질로 섬유인 태모시를 만든다. 아직 녹색이 남아 있기 때문에 이것을 일정한 양만큼 묶어 물에
4~5번 적셔 햇볕에 말림으로써 물기와 불순물을 제거하면(탈색과정) 바탕색이 깨끗한 모시 원료
인 태모시가 된다.

모시 째기

모시방에 빙 둘러앉아
모시 째는 아낙들에게는
하늘을 대신하여
천하를 다스리고 싶은 마음일 게다
조용히 알맞게
빚어 넣은 지 천 일만에
한 잔 술을 마시고 싶은 마음일 게다
빛바랜 태모시 사이사이
숨어 있는 바람이라든지
햇살이라든지 찾아내려는 사이
순한 손으로 입술을 내려
너른 앞니 모두 다 닳게 되기까지
밀려오는 아픔이나 기쁨조차도
서로 서로 기탄없이 나누다 보면
좀처럼 헤아릴 수 없던
가슴 아린 아픔이나 기쁨도
슬그머니 사라지기 시작한다

해가 뜨고

바람 지나는 사이

*모시째기 : 태모시를 거듭으로 물에 헹구어 햇볕에 말리는 작업을 되풀이한 후 마침내 탈색한
하얀 모시를 주로 앞니로 한 올 한 올 가늘게 째어 모시실로 만드는 작업을 말한다.

앞니 톱자리

앞니를 보면 알 수 있어요

고모의 앞니를 보면 알 수 있어요

과년에 시집 가서

남매를 낳고

청상과부가 되어버린 우리 고모

앞니를 보면 알 수 있어요

앞니가 파졌어요

모시를 얼마나 많이 째댔으면

마치 톱으로 가로질러

썰어낸 듯한 톱 자리가 생겼을까요

그리고 보면 모시올이 부드러운 것만은 아닌가 봐요

부드러운 것이

억센 것이라고

누가 말했던가요

겉으로는 부드럽기 한량없는 우리 고모

하루 한 날

토해내고 싶은 말이 없었을까요

참고 참으면서 모시만 쥐어뜯은 거에요

가슴 속 깊은 곳에서 치밀어 오르는

시집살이의 열기를

입으로만 소리 없이 내뿜어대면서

모시만 째다 보니

앞니에 톱자리가 생긴 거에요

겉으로 한량없이 부드러운 우리 고모

속은 타고 또 타서

억셀 대로 억세진 거에요

억센 톱 자리가 앞니에 생긴 거에요

이골이 나다

단정히 앉아서
두리번거리지 않을 수 없다
쓸데없는 이야기는
하나도 없다
입술이 부르트고 부르트다가
이제는 더 이상
부르틀 입술도 없다
무슨 말을 하지 않고서는
어찌 모시올을 이룰 수 있으랴
큰 기침이나
큰 소리를 내지 않을 뿐이지
옆 사람과 소곤거리듯
동네방네 이야기를 늘어놓다 보면
어느 사이 무릎은
벌겋게 부어오르고
단단하고 히얀 앞니는
조금씩 파 들어가기 시작한다

아, 앞니에 골이 파인다

골이 깊어갈수록

모시올을 이어가는 데

속도가 붙고

귀 기울여 듣는

온 동네방네 이야기

마음 깊이 새겨진다

이골이 나서

마음을 다른 곳에

둘 수조차 없다

*대략 2m쯤 자란 모시풀을 수확해서 겉껍질을 벗겨낸 뒤 앞니를 이용하여 그 올을 쪼갠다. 이렇게 쪼갠 올에 침을 발라서 무릎에 비벼 이어감으로써 천을 짤 수 있는 실을 만든다. 그러는 동안 입술이 부르트고 침이 마르고 앞니에 골이 파이고 무릎은 성할 날이 없다. 그래서 예부터 '죽은 나무가 사람 잡는 일'이며 '앞니가 골이 파인다'는 데에서 '이골이 난다'는 말이 나왔다 한다. 모시는 특히 계속 침을 발라가며 삼아야 하기에 한 필 만드는 데 침이 석 되 들어간다고 할 정도로 옛 여인의 정성이 들어간다.

모시 삼기

쩐지와 쩐지 사이
째놓은 모시 올을 걸쳐놓고
한 세월을 건너갈 참이다
이 순간 모시올은
이미 모시올이 아니다
건너야 할 다리가 된다
그 다리는 가슴 탈 정도로 위태하다
입술로 적신 침이 마를세라
무릎 내어 모시올 맞대 비벼대면
어엿한 길 하나로 이어진다
가난하고 구차한 살림에서
벗어나는 길은 오직 이뿐
백성의 곤궁을
임금 탓으로 돌릴 수 있을까
여북하면 가난이
가슴과 가슴 사이를 이어줄까
허구한 날 쩐지와 쩐지 사이

모시올로 다리를 놓고

흩어지려는 가슴을 마주한다

***쩐지** : 모시올 하나하나 잇기 위하여 쨴 모시를 걸어놓은 기구.
***모시 삼기** : 가늘게 쨴 모시올과 모시올의 끝을 서로 맞대어 일단 입의 침으로 부드럽게 추스른 다음 무릎에 대고 꼬아 잇는 작업을 말한다.

모시를 삼는 동안

모시를 삼는 동안
누이들의 무릎, 시린 것은
참아낼 수 없어도
쓰라린 것은 참아낼 수 있다
허공에 머물러 있는 쩐지에서
받아 내린 모시올 하나
잠시라도 쉬거나
게으름을 피우지 않고
한 올에 한 올을 이어가는
부지런한 마음으로
모시를 삼는 동안에는
어떤 생각에도 빠져들 수 없다
어떤 탐욕으로도
스스로를 잡아맬 수가 없다
무릎 하나 세우고
젖은 입술 사이로, 망설임 없이
모시 한 올 한 올에

조금씩 침을 적시고 나면
무엇인가 두루 가득하기만 하여
걸림 없는 마음이 생기고
무릎 아래 쓰릴 때에도
조금은 작거나
부족한 듯한 것도
지나치게, 하루하루,
구할 필요가 없어진다

무릎 굳은살

굳은살이 어디
발뒤꿈치에만 생기나요
모시를 째다 보면
무릎에 생기는 것이지요
발뒤꿈치의 굳은살은 아무것도 아니에요
쩐지와 쩐지 사이
길에 늘어진 모시올 하나하나
집어내어 삼다 보면
무릎에 대고 비비고 비벼 잇다 보면
아리고 쓰리지요
상처에 소금기 스며들 듯
쓰리고 아프지요
처음에야 무릎에서 조금 열이 나지만
열을 참고 또 참아내다 보면
아픔이 저려지는 거에요
그 아픔이 쌓이고 쌓여
모시 광주리에

모시 한 굿이 고스란히 담겨지고

마침내 모시 한 굿 쏟아내어

알뜰하게 모시올로 묶어 놓고

그제서야 아픔으로 절여진

무릎을 쓰다듬어 보지요

그러나 쓰다듬는다고 무릎이 안 아파지나요

두 주먹을 쥐고

아픈 무릎을 두드려 달래면서

굳은살이 돋아날 날을 기다리는 거에요

굳은살이 나도록

모시를 삼는 것이지요

*모시 삼다 : 가늘게 짼 모시를 두 쩐지 사이에 걸어놓고 모시 올 하나하나 집어 무릎에 대고 비벼 길게 잇는 작업을 말한다. 그 사이 무릎은 벌겋게 달아오르고 몹시 아파오는데, 모시 삼는 작업을 계속하다 보면 무릎에 허옇게 굳은살이 박힌다.

굿모시

모시방에 모인
동네 어머니들이
무엇인가 찾고 있으나
서로서로 동네방네 뜬소문을
다투듯 이야기하다가
광주리 가득 쌓인 것을 보면
부르튼 입술 사이로
길게 이어진 모시올처럼
알뜰히 모아진 슬픔들이다
슬픔도 정성을 다하면
한 올 한 올 웃음이 되는 걸까
쩐지에 걸려있는
모시올을 가려내듯
뜬소문을 들춰내 보면
실상은 입의 침을 묻혀
무릎 위에 놓고
비벼 이은 모시올이 쌓이고 쌓여

어엿한 굿모시가 된다

모시 방에 모인

동네 어머니들이

무엇인가 찾고 있지만

바람 불어와

지푸라기 같은 것 하나

느닷없이 뛰어드는 일은 결코 없다

어제도 오늘도

똑같은 뜬소문이지만

누구를 막론하고,

어떤 일을 한 사람이든 간에

마음은 텅 비어있다

굿모시는 하나

바로 그 자리를 차지하고 있다

*굿모시 : 태모시를 입으로 가늘게 쪼개 이어 삼은 한 모듬의 모시로 필모시의 원료가 된다.

모시 날기

젖을개의 구멍을
오래 들여다볼수록
두 눈은 흐릿해진다
모시올 끝을 바로 세워
침을 묻혀 바로 세워
모시올 끝 하나하나 통과시키다 보면
아프게 저려오는 허리조차
쉽게 펴지질 않는다
해는 장지문 사이를 지나가서
햇살은 어느덧 마루 끝에 걸리고
토방으로 내려앉을 자세다
한 필의 길이에 맞추어서
날실의 길이로 날다 보면
두 눈은 더욱 침침해지는가 싶더니
잠시 허리를 펴는 데도
힘이 부친다
아, 새수에 맞추어

날실의 올수에 맞추는 일은

아직도 시작조차 못 했는데

논배미에서 돌아온

지아비의 마른기침 소리가

점심을 재촉한다

*모시 날기 : 10개의 모시굿에서 "젖을대"의 구멍으로 실끝을 통과시켜 한 묶음으로 한 후 날틀
에 걸어 한 필의 길이에 맞추어서 날실의 길이로 날고 새수에 맞추어 날실의 올수를 맞춘다.
*젖을개 : 길쌈을 할 때, 바디의 동작을 부드럽게 하기 위해 날실에 물을 적시는 도구로, 나무 끝
에 헝겊을 달아서 쓴다.
*새수 : '새[升]'는 옷감의 굵고 가는 짜임새를 세는 단위를 나타내는 말로 '새'가 높을수록 올
이 가늘고 옷감이 곱다. 피륙은 그 날이 얼마나 촘촘한가에 따라 품질이 달라진다.
*날실 : 세로 방향으로 난 모시올.
*올수 : 모시올의 수.

벳불을 피우며

활활 타오르는
불꽃이 있는 듯 없는 듯
보일 만큼

열기가
있는 듯 없는 듯
가득하지 않게

집 앞을 지나는
마파람에
물기 먹은 듯 안 먹은 듯

풋닛가루
가득 매긴 날실
마를 듯 안 마를 듯

왕겻불

불 잘 붙어
한 줄기 연기도 없이

윤달 오뉴월
하루해 너무 길다
요란스런 매미 소리

활활 타오르는
불꽃이 있는 듯 없는 듯
낮달이 보일 만큼

*뱃불 : 모시를 맬 때 모시의 날실을 말리기 위하여 날실 밑에 놓는 불로, 흔히 왕겨를 이용하여
불을 놓는데, 열기가 너무 세어 모시 날실이 끊어지지 않도록 해야 한다.

모시 매기

드디어
모시를 매는 날이로구나
아침부터 바쁘다, 아버지는
우선 왕겨를 모아 불을 지피고
큰 누이는 어제부터
풋닛가루를 만드느라 바쁘다
바디 낀 모시를 도투마리에 매고
끌개에 매달아 고정시키고
잘디 잔 풀뿌리로 만든
묵직하고 커다란 뱃솔에
개어놓은 풋닛가루를 듬뿍 묻혀
모시올 하나하나 골고루 발라댄다
왕겨불이야 너무 세면 안 되지
팽팽해진 모시올이 끊어지게 해서야 되나
그렇다고 너무 약하면
모시올은 축 쳐지게 마련이지
그렇지, 세상일도 다 그렇지

뭐든지 적당해야 하는 걸

잊어야 할 아픔을 잊을 줄 알고

담아 둘 일은 가슴속에 밀어 넣으며

두벌일이 되게 할 수야 없지

처마밑에 머물던 한여름 볕이

토방에 내려 앉아 편안함일 때

도투마리에 모시를 감던 두 손으로

어머니는 이마에 흐르는

땀을 닦아내며

공손히 두리기를 맞는다

*두리기 : 두리반에 음식을 차려놓고 둘러앉아 먹는 일
*모시 매기의 "매다."는 "다했다."는 완성의 의미가 있다. 이 과정만 거치면 모시짜기를 위한 준비 과정을 모두 마치게 되는데, 무더운 여름에 불앞에서 작업해야 하는 고역을 견디는 힘든 작업이 기도 하다. 모시매기는 바디에 끼워진 모시를 한쪽은 도투마리에 매고 다른 끝은 끌게(도투마리를 감으면 끌려온다 하여 붙여진 이름)에 매달아 고정시킨 후 콩가루와 소금을 물에 풀어 만든 풋닛가루를 뱃솔에 묻혀 날실에 골고루 먹인다. 그리고 이음새를 매끄럽게 하고 왕겻불로 말리면서 도투마리에 감는 과정이다.

꾸리 감기

낮부터 내리던 비가
어두운 밤에 이르자
대숲이 조근조근 서둘러댄다
흘러가는 세월이 멈추지 않음일까
한 굿의 모시를
모두 감기 시작하면
밤 깊어 어느덧 모시 한 꾸리
쇠잔해가는 몸이 부담해야 할
일면의 탄식도 쏟아내지 못하고
참고 또 참으며 살아오던
가난이란 한갓
생각할 겨를도 없는 사치일 뿐
한 꾸리 감아, 두 꾸리 감아
탱탱하게 버티는 힘을 길러
일찌감치 새벽을 맞고
천천히 방문이나 열어젖힐 일이다
앞세우고 급히 내몰 일이 무엇이련가

언제고 한가한 것이란

살기가 빠지고

주름이 잡힌 세월들을 얼싸안는 것

둥글게 감고 또 감으며

겨우 모시 한 꾸리

한숨처럼 무거워질 까닭도 없어진다

*꾸리 : 모시실을 둥글게 감아 놓은 뭉치.

바디 끼우기

바디에 모시올을
하나씩 끼워 넣는 두 눈은
왠지 슬프다
터도 안 나게 돈 되는 일은
마냥 눈물겹다
모시 한 필 짜내야
겨우 목에 풀칠하는 정도
거듭, 거듭되는 하루, 하루가
언제 끝날지 알 수 없는 까닭이다
구렁목 고개를 넘어오는 바람이
섬찟하게 느껴지는 것은
얼마 남지 않은 여름방학
새끼 2학기 등록금 걱정이 태산이다
바디에는 모시올 하나 집어
하나씩 끼울 수밖에
아무리 끼워 넣어도
두 필 만큼 한꺼번에 끼울 수는 없다

두 눈이 침침하여

돋보기를 다시 교정해보지만

창밖으로 지나는 먹장구름은 제 철

아무리 지우고 또 지워보아도

어둠은 결단코 지워지지 않는다

곧 소나기가 내릴 모양이다

*바디 : 베틀에 딸린 기구로 참빗살처럼 세워 만들었는데, 바디살 사이에 모시올의 날실을 꿰어
쓴다.

모시 짜기

단순한
양적인 반복에 의해서만
모시 한 필이 이루어지는 것은 아니다
침을 발라 손끝으로 비벼
끊어진 모시올을 잇다 보면
아침 뻐꾸기 울음소리
멀리 퍼져 나아가는 것처럼
지난밤 내내 저리던 어깻죽지가
온몸으로 사르르 번지어 온다
그러나, 북을 잡은 손은
언제나 매끄럽게 해야만 한다
모시올 사이로 북을 밀어내고
받아내고 하다 보면
나오는 한숨도 북을 따라
들이쉬다가 내쉬다가를 반복한다
그렇지 그래, 질적인 것이
단순한 양적인 반복보다

질적인 반복이야말로

모시 한필 짜내는데

잘 선택된 시집살이의 가르침인 바에야

작은 손놀림 하나 헛되이 할 수 없다

가늘고 긴 모시올 하나가

다스려지는 노력

모든 슬픔도 잊어갈 수 있다는 것을

큰 영향을 미칠 수 있다는 사실

하마터면 잊을뻔하기도 한다

*북 : 베를 짤 때 꾸리를 넣어 쓰는 좌우로 실을 뽑아 쓰는 기구.

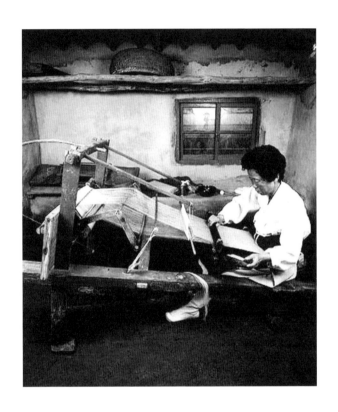

비 오는 날의 베틀

비 오는 날의 골방은 눅눅하다 너무 메말라도 아니 되지만 모시 짜는 골방은 너무 눅눅하면 되는 일이 없다 베틀신을 끌어당긴다. 용두머리를 돌린다 그러나 실상은 용두머리를 돌리는 게 아니다 용두머리를 돌려 잉앗대를 잡아당기는 것이다 비 오는 날 잉아의 바디 사이로 지나는 바람이 눅눅해져서야 되겠는가 너무 눅눅해지진다 하는 순간 바디 사이로 지나는 모시올 하나 툭 끊어지고 나면 베틀신을 끌던 발목이 먼저 아파지기 시작한다 북을 밀어 낚아채던 손놀림도 일시에 중단하고 만다 눈썹대에 매달려놓았던 포근한 햇솜까지도 원망스럽게 뭉쳐 나온다 비 오는 날의 골방은 너무 눅눅하다 창호지 문이 조금씩 젖어가고 물기 머금은 바람까지도 덥쳐 온다 모시올이 늘어질 때마다 앙가슴에 고인 땀이 조금씩 고여 오른다

모시 한 필

모시 수확으로부터
침침한 등잔 불빛으로
밤을 낮 삼아
쉬지 않고 석 달을 지나고서야
아아, 모시 한 필이 나온다
하루 한 날
어디 침 흘러갈 여유가 있으랴
더우면 너무 더워서
마른 날은 너무 말라서
자칫 모시올이 처지거나
끊어진다면
정성이 부족하다는 게 아닌가
안방에서 토굴 속에까지 들려오는
고된 바람 소리
침이 무려 석 되는 들어갔을 게야
쪼개고 쪼개어야
가슴팍도 입술도

두 무릎도 성할 날이 없어야

앞니에는 이골이 나서

차마 웃을 일도 없어야

비로소 완성되는

모시 한 필

***필모시** : 밤낮 쉬지 않고 석 달을 일해야 한 필(약 21m)이 나오기까지 계속 침을 발라가며 삼았기 때문에 침이 석 되 들어간다고 할 정도로 옛 여인의 정성이 들어간 옷감이다. 입이 부르트고 피가 날 때까지 쪼개고 또 쪼개야 고운 옷감이 될 뿐만 아니라, 매우 어려운 여러 과정을 거쳐야만 비로소 완성된다. 굿모시의 가는 올들을 베틀에서 짠 것으로 모시의 완성품이라 하여 '필모시'라고도 한다.

마전 하기

바람 없는 토굴 속

등에 땀이 촉촉이 젖는 곳

베틀에서 갓 떼어낸 모시 한 필

보기만 해도 시원한 모시옷

습한 더위 속에서 나와

이제는 몸갈이 할 시간

누렇게 뜬

모시 한 필이 되어

새로운 세상

마전하러 가는 길

물속에 잠겼다가

잿물과 함께 삶아대면

석 달 동안 모아진 한숨과

석 달 동안 뿌려진 땀방울과

석 달 동안 터져 나오던

소리 없는 신세타령이

비로소 햇살 보는 날

아, 그리운 햇살의 빛이 된다

밝은 대낮

눈부시게 하얀 세상이 된다

*마전 : 베틀에서 갓 떼어낸 모시는 누런빛이기 때문에 이것을 하얗게 만드는 한편, 모시 틀에서 모시를 짜는 과정 중에 묻어 든 이물질을 제거하고, 처음의 **뻣뻣**한 모시의 감촉을 보다 부드럽게 하기 위한 작업의 한 과정을 말한다. 모시 한 필을 마전 하기 위해서는 물에 담궜다가 갯물에 삶은 뒤 햇볕에 널어 색이 바래게 만든다. 하루로는 안 되고 이튿날 아침에 다시 널어야 하는데, 모시를 물에 적셔서 말리기를 반복 3~4일 정도 해줘야 하얀 모시를 얻을 수 있다.

푸세를 하다

한여름의 더위를 뒤로하고
아버지는 밭둑으로 나가서
한 아름의 쑥을 베어 오셨다
소여물로 쑤던 짚토매에서 떨어져
헛간 바닥에 제멋대로 뒹굴던
지푸라기를 긁어모아
마당 가에 쌓아놓고
방금 베어온 쑥대를 올려놓고
불을 지피셨다 모깃불을 놓으셨다
점점 기울어져 가던 여름 노을빛이
풋풋한 쑥향에 눅눅해지는 것일까
고추잠자리 떼들이 날개를 접기 시작하고
빨랫줄에 일렬로 늘어선 제비들도
한 놈 한 놈 처마 밑으로 기어들었다
발로 잘근잘근 밟히다가
홍두깨에 올리어 반반하게 손질을 받더니
텃밭 우거진 잡초 위에서

저녁 이슬을 맞으며

다리미질을 기다리는

푸새한* 아버지의 모시옷 한 벌

한낮 동안 꼬옥 입을 다물다가

형형색색으로 피어나는 분꽃에

얼얼하게 얼비치듯 살아 올랐다

새하얀 박꽃, 송이 송이

헛간 지붕 위에서 피어날 무렵

*푸새하다 : 모시옷에는 풀을 먹이는 푸세 과정이 이어진다. 푸세에 쓰이는 풀은 쌀풀, 밀풀, 감자풀 등이 주로 쓰인다. 제조법을 보면 쌀풀은 쌀이 뭉근해지질 때까지 끓여서 천으로 된 주머니에 넣은 다음 응어리가 없도록 주물러서 사용한다. 또 불린 쌀을 갈아서 끓이는 방법도 있다. 먹다 남은 밥으로 풀을 쑤어서 사용하기도 한다. 이 방법은 여름철 빨래에 주로 쓰였는데 쌀풀은 주로 굵은 무명이나 모시, 베 등의 푸세에 많이 쓰였다.

모시옷을 입고

아무리 더운 날이라도
길을 걸어갈 때
더운 날씨를 탓하면서
몸 기운이 더 빠지게 하고
숨이 턱까지 차오르게 할 수는 없다
요즘처럼 사는 것이 힘들다고
몸 하나 더 지치게 할 수는 없다
땡볕 속에서 더욱 짙푸르게
우우우 치솟아 오르는
저 너른 들녘을 바라보게나
모시옷 곱게 다려 입은 듯
두루미 한 마리
의연하게 서 있는 걸 보게나
마을 정자나무 그늘에서
보석처럼 빛나는 햇살을 바라보면
삶이 어렵고 힘이 들수록
얼마나 큰 힘이 되고

위안이 되겠는가

모시옷 한 벌 입고

이 생에 이 몸을 잃게 되면

언제 또 사람의 몸을 받을 수 있을까

절망한 사람에게는

미래도 희망도 없다는 걸

새삼 거듭으로 생각해 본다

제3부

베틀에 앉아

베틀에 앉아

베틀에 앉는다, 아니 베틀 위에 앉아 본다

용두머리를 돌리기 위하여

신대 끝에 줄로 이어 단 외짝 신을 신는다

말코 양쪽 끝에 끈을 매어 허리에 부티를 두른다

그래, 베틀신을 끌어 날실의 틈 사이로

북을 밀어 오가며 부지런히 씨실을 풀어주며

바디에 힘을 주어 끌어당기다 보면

나중에 할 일을 먼저하고

먼저 할 일은 나중에 하면서

말 그대로 아주 큰 것이

닦는 것이 아니고 쌓는 것이 아니요

바로 보았을 때인데, 베틀에 앉아

일정하지 않은 마음이 다스려질까

　새벽닭 홰치는 소리에 두 눈을 뜨고, 물 길어 쌀을 씻고, 무채를 썰어 밥을 안치고, 나물을 볶고, 서방 밥 재촉하는 소리에 화나거나 미운 마음이 절로 일어나다가도 자식들 청랑한 소리에 그래 다 같은 식구들인데 가족이려니 하는 마음에도 투덜거리며 설거지를

돕는다는 시누이의 목소리가 앙칼지게 들려올 때면 차라리 쫓기듯이 베틀에 오르는 게 나았던 것일까

　깊은 잠에서 깨어난 듯 베틀 위에 앉으면 짐짓 시원해지기도 하지만

　장마철, 습기 가득한 골방

　문밖으로 지나는 바람 소리라든가

　빗지랑물* 떨어지는 소리에

　자칫 놀라는 것은

　날줄 한 올이 누져져서 끊어질까 두렵기 때문일까

　자칫 베 한 필 얻는다고

　마음 한번 돌리면 바로 기쁨인 걸

　한번 잘못 먹어 아픔이게 할 수는 없다

　조금은 허탈하고 씁쓸함이 입안 가득 고여온다

　하루하루 흐르는 시간은 지루하지만

　일년 삼백예순날 지나고 나면 너무나도 짧기만 하다

*빗지랑물 : 처마 끝에서 떨어지는 낙숫물을 이름.

모시 칼

한글의 자음이
ㄱ부터 시작해서
ㄴ자로 이어진다는 걸
모시 칼로부터 배워진다
시작이 모시 칼이다
그러나 날카로워서는 안 된다
세상사 살아가는 법
어찌 날카롭게 살아가리오
모싯대를 꺾어
모시풀을 벗겨내듯
무딘 칼로 다스리면서
적당히 살아가는 양이라면
모시 겉껍질을 벗겨내는 일이다
그렇게 겉껍질을 벗겨
태모시로 만들어내는 일이다
태모시로 세상 살기
가장 향기로운 모시향으로

살아가는 법

한글의 자음이
ㄱ부터 시작해서
ㄴ자로 이어진다는 걸
모시 칼로부터 배워간다
태모시 향으로 살아가기로 한다

*모시 칼 : 보기에 따라 기역자(ㄱ), 혹은 니은자(ㄴ)로 보인다. 보는 방향에 따라 똑같은 글자가
된다. 모시는 모시풀에서 껍질을 벗겨내고, 그 껍질에서 겉껍질을 벗겨내면서 시작된다. 모시 칼은
날카로우면 모시 겉껍질이 잘려나가므로 적당히 무디어야 한다.

쩐지

가깝지만
먼 길이 있다
두 눈 앞에 있다
그 길 위에
끊어진 길이 있다
길과 길 사이
이어야 할 길
이 길에 오기까지
얼마나 많은 사연을 길어왔던가
얼마나 먼 거리로만 살아왔던가
입속의 침을 모아
길과 길의 끝을 모아
무릎 위에 내려놓고
이제는 비비고 꼬아서
한 길로 이어야 할 일
잇고 또 이어
한 올이 되도록

먼 길을 두 눈 앞에

척 걸쳐놓는

쩐지

가깝지만 고달픈 길이 있다

*쩐지 : 모시올 하나하나 잇기 위하여 이미 짼 모시를 걸어놓은 기구로, 두 개의 쩐지 사이에 가늘게 짼 모시를 걸어놓고, 모시올과 모시올의 끝을 서로 맞대어 일단 입의 침으로 부드럽게 추스른 다음 무릎에 대고 꼬아 잇는 모시 삼기 작업을 한다.

꾸묵

사변에 아들을 잃고
며느리는 마실방에 모시 하러 나가고
초가삼간 안방에 홀로 앉아
할아비는 노끈을 꼰다
며느리가 모시를 째다 남은
꾸묵을 남겨놓았으니
이보다 소중한 게 있으랴

건넌방에서는 어린 손주 녀석이 동네방네 아이들을 몰고 와서 천장 높이 윷가락을 던지며 종이 따먹기를 하는데, 어떤 녀석은 가지고 온 종이를 다 잃고서 쓰던 공책까지, 심지어 교과서까지 모두 종이가 되었는데, 그것마저 송두리째 잃고 나자 내일 학교 갈 일이 생각나서 버럭 겁이 났는지 다시 돌려 달라 사정사정하는데, 어찌 그리 서럽더냐. 마침내 할아버지는 노끈을 꼬던 손길을 멈추고는 슬그머니 밀창을 열고 냅다 큰소리친다. 놀란 것은 차갑게 떨던 문풍지가 아니라 아이들이다. 당장 따놓은 것 다 내놓아라, 공책이며 교과를 잃은 놈에게 넘겨줄 때마다 가슴앓이하던 어린 손주 녀석의 원망스런 눈초리에 할아버지 겨드랑 밑으로 언뜻 보이는 노끈 뭉치가 요강만 하지 않은가. 그것은 분명 올 설맞이 연鳶줄임에 틀림없다. 아깝지만 등위에 감추어놓은 공책이며 교과서를 슬금슬금 앞에 내놓는다. 옳지, 옳지, 그래야지. 할아버지가 밀창을 닫는 동시에 교과서며 공책까지 잃은 녀석은 후다닥 그것을 나꿔채더니 쏜살같은 밖으로 내닫는다

　　일순 조용해진 방안
　　건넌방으로부터 밀창이 열리고
　　슬그머니 건너온 손주 녀석
　　할아비 곁의
　　노끈 뭉치를 쓰다듬는다
　　일순 눈웃음이
　　할아비의 손놀림을
　　재촉한다

*꾸묵 : 모시를 째어 모시올을 하나하나 만들고 나서 짜투리로 남은 짧은 모시올을 말하는데, 이 꾸묵으로 노, 새끼 따위와 같이 무엇을 묶거나 동이는 데에 쓰이는 줄, 즉 '노끈'을 만들어 썼다. 이것을 꼬아 아이들 연鳶줄은 물론 일상생활에서 물건을 묶을 때 요긴하게 쓰이는 끈으로 사용하기도 한다.

고동 껍질, 혹은 강남콩

모시 광주리 속에
모시굿 하나를 넣어두고
모시굿 위에
고동 껍질이나 강낭콩을 넣어두고
혹은 쌀겨를 넣고
모시 한 올 끄집어내어
꾸리를 감기 시작한다
모시 한 굿이 감기고 나면
비로소 꾸리 하나
바람개비 돌리듯 손을 움직일 때마다
먼 바닷가에서
사그락사그락 들려오는
자갈 굴리는 소리, 그리고
텃밭 이랑가
강낭콩 잎사귀를 지나는 바람소리
기름 먹은 듯 기름 먹은 듯
존존히 감기는 모시올을 따라

쌀겨 때문일까

여름 한낮 오후의 시장기가

스물스물 피어오른다

사립문 너머

감가지가 담장을 넘어와

제 그림자를 흔들어댄다

*존존하다 : 고르고 부드럽다.
*꾸리 감기 : 꾸리를 감을 때는 모시 한 굿을 모시 광주리에 넣고 강남콩이나 고동 껍질 등을 쌀
겨와 함께 넣어 모시올이 뭉치지 않도록 한다. 꾸리 하나에 모시 한 굿의 길이를 다 감는데 이는
필모시 짤 때 북에 넣어 좌우로 오가는 씨줄이 된다.

톱

물 축인 태모시 끝
무딘 모시올을 부드럽게
톱에 올려놓고 긁어댄다
힘을 주어 훑어낸다
한때 검은 구름이 사방에 일어
번개가 치며 천둥이 울고
온 땅에 마구 쏟아지는 빗발처럼
마음이 잡히지도 머물지도 않으면
든든한 톱을 내려놓고
물에 흠씬 젖은 태모시를
힘주어 훑어내고 긁어댄다
어느새
미쁨의 터전이 되어버린 톱
뻣뻣하던 태모시 한 올 한 올
물먹은 솜처럼 부드러워지고
세상에서 만나기 힘든 것도
쉽게 얻어지게 하는 톱

마음은 벌써

안온에 들어있다

*톺 : 모시나 삼을 삼을 때 그 끝을 긁어 훑는 데 쓰는 도구.

모시 광주리

몸과 마음이 아울러

신심직행信心直行에 이르는 곳

평탄한 길을 버리고

자칫 험난한 길에 들 수는 없다

쩐지와 쩐지 사이에 가로질러 놓인

모시올 하나하나

솎아내고 솎아내며

한 올 한 올 끄집어내며

위아래 입술 사이

스치는 바람이듯,

있는 듯 없는 듯

마른 침을 발라

무릎 위에 놓고

비비고 또 비며

실핏줄이 돋아날 자리마다

솔 껍질같이 박혀버린 옹이

슬픔도 아픔도 돌볼 겨를이 없다

모시 한 굿으로

고스란히 모이는

시멘트 푸댓종이로 만든

종이광주리 속

신심직행信心直行에 이르러

호랑이는 포효를 잃은 지 오래다

***모시 광주리** : 모시 한 굿이 될 때까지 모시올을 이어 모아두는 광주리, 이 광주리는 꾸리를 감
을 때도 모시굿을 넣어 쓴다. 온갖 신문지나 각종 시멘트 푸대종이를 물에 불려 풀과 함께 짓이
겨 만들어 쓴다. 흔히 대로 만든 것을 쓰이기도 하였으나 모시올이 잘 끼거나 얽히게 하는 대광
주리보다 종이로 만든 종이 광주리가 모시굿을 담아 쓰기에 더욱 좋다.
*호랑이는 호랑이표 시멘트 종이에 그려진 그림을 말한다.

풋닛가루

오뉴월 하룻볕이
푸작나무 석 짐을 말린다 하더라도
왕겨불의 열기를 당해낼 수 있으랴
푹푹 찌는 여름 한낮
벳솔에 묻혀
날실에 골고루 묻힌다 하더라도
날콩의 비릿한 냄새는
곧바로 고소해진다
자칫 잘못하면
날실이 가을낙엽처럼
우수수 쏟아져 내릴지 몰라
물기가 많고 축축한
마파람이 그냥 지나치는 게
그렇게 원망스러울 줄이야
훅훅 달아오르는
날실 밑의 왕겻불에
차라리 이마를 달구어

굵은 땀방울이 줄줄이 떨어진다

마파람에는 곡식이

혀를 빼물고 자란다*더니

울 넘어 기웃하던

애호박의 색깔이

어느 사이 붉어지고 있다

*마파람에는 곡식이 혀를 빼물고 자란다 : 마파람이 불면 날씨가 촉촉해서 곡식이 무럭무럭 자란다는 뜻.
*풋닛가루 : 모시 매기의 과정에서 콩가루와 소금을 물에 풀어 만든 것으로 '콩짓가루' 라고도 한다. 이를 날실의 이음새를 매끄럽게 하고, 꺼럭이 일어나지 않도록 하기 위해 벳솔에 묻혀 날실에 골고루 먹이고 왕겨불에 말린 다음 도투마리에 감는다.

뱁댕이

한 치의 어긋남도 없이
돌아가야 한다
벳날이 도투마리에
서로 얽혀서 감기게 해서야 되겠는가
모시 한 필을 얻기 위해서는
도투마리를 벗어날 수는 없다
날줄 하나하나
씨줄을 만나기까지
벳날끼리는 적당한 믿음이 있어야 한다
지나친 믿음으로
서로 붙어버리면 안 되고
믿음이 없어져
자칫 흩어져서도 안 된다
벳날에 매듭이 보이지 않고
다만 가야할 길은 외길
서로서로 테두리 안에서
한 치도 벗어날 수는 없다

아, 시집살이 십여 년

내가 믿으란다고 믿고

믿지 말란다고 믿지 않고

또 누가 이러고저러고 한다고

흔들려서 살아가야 하는가

흐르는 땀방울을

끝내 견디지 못하여

겨드랑이 밑으로,

뱁댕이 하나 지르고 나면

베 매기에 앉아있는 시간에는

시발점과 종점도 보이지 않는다

*뱁댕이 : 베 매기를 하면서 벳풀을 먹여 말린 날실을 도투마리에 감을 때 날실이 서로 붙지 못하
도록 사이사이에 끼우는 막대기.

도투마리

놓일 자리에
층 나지가 않으니
놓인 자리를 지켜나간다
자리할 수 있는 자리가
진정한 자리가 될 수 있도록
날줄 하나 어긋남이 없이
이어져 있는 모시올
서로 밀접하게 붙어 있으면서도
날줄 하나하나 말려 있는
도투마리를 바라보면서
날줄과 날줄 사이에도
어엿한 한 자리가 있음을 안다
동서 밑 시집살이
오뉴월에도 서릿발 친다는데
이 한 밤 먼 곳에서
개 짖는 소리는 왜 그리 요란한가
고요한 마음을 단정히 하면

있다가 없는 것은

한갓 향 없는 향로일 뿐

다울대로 도투마리를 돌려

날실을 한 고팽이씩 풀어가노라면

창호지 문밖의 달과

달빛은 여전 뚜렷하여

차라리 향기롭기만 하다

***도투마리** : 베를 짤 때 날실을 감는 틀. 〈도투마리 잘라 넉가래 만들기〉란 도투마리를 두 번 자르기만 하면 넉가래가 된다는 데서, 아주 하기 쉬운 일을 비유적으로 이르는 말.
***다울대** : 앉은 자리에서 도투마리를 돌릴 수 있는 막대기.
***고팽이** : 다울대로 도투마리를 돌려 날실을 한 고팽이(도투마리 1회전)씩 풀어간다고 한다.

나부대

찬물에 얼굴을 씻고
요행히 간밤을 살아왔으니
오늘은 좀 더
고요한 마음으로 자리하련다
한 생각을 짓되
고양이가 쥐 생각하듯,
닭이 알을 품듯
앞생각과 뒷생각이 서로 끊어짐이 없이
샘물 흘러가듯 하여도
나는 나를 버릴 수가 없다
끌어올렸다 내렸다
이리저리 바삐 움직이다가도
나에게 주어진 자리를
끝내 버릴 수는 없다
모시 한 필을 얻기 위하여
끊임없이 출렁여야 하는
나부대는 몸짓

얌전히 있지 못하고

철없이 짓거리라 말하더라도

누구든 그 자리에 앉아 놓으면

다 한 속이 될 것이어니

맡길 수 있고

믿을 수 있는 것이

타고난 몫이라면

그대로 살아가야 하는 것이 아니겠는가

*나부대 : '나부산대'를 말하며, 베틀에서 용두머리 양 끝에 베를 짜는 사람 쪽으로 뻗어있는 가늘고 긴 두 개의 막대기를 말하는데, 그 끝에 눈썹줄이 달린다. 나부대는 잉앗대를 끌어올렸다 내렸다 하는 도구로, 베를 짤 때 출렁거리며 이리저리 바삐 움직인다. 너무 나부대기 때문에 '나부대'라는 이름이 붙은 것이다.

북

지금 내 앞의 모든 것을
그대로 받아들일 수 있다
바로 내 선 이 자리
한 곳에서만 머물 수 없다
오가는
바람으로 하여
꽃잎 하나 떨어지고
꽃잎 진 자리
열매 하나하나 맺어가는 것
거부하려는
모든 마음을 미룬 채
한 치의 오차도 허락할 수 없는
가장 정확한 몸짓으로
나는 나의 길을 계속할 뿐이다
지금 이 순간
한 길에만 굳어진 듯
날줄 사이를 비집고 들어가

오가는 발걸음이라 하더라도

나는 나의 길을 사랑할 뿐이다

나의 발걸음이

가장 정확한 바로 그때서야

내 앞에 나타나는 것이

결국 나의 모습일 뿐

세상의 모든 존재며

어리석은 것까지

어느 하나

버릴 것 없이 받아들이며

잠시 눈앞에 나타나는 것일지라도

가장 소중히 받아들이며

미운 마음에 버리지도 아니한다

본래의 타고난 길에

자리하여 밝게 비춰갈 뿐이다

*북 : 베틀에서 실꾸리를 넣고 날실 사이로 오가면서 씨실을 넣어 베가 짜여지도록 하는 배 모양
의 나무통을 말한다.

말코

부테끈을 풀어
말코에 감긴 모시 한 필을 내려놓고
끝이 좋아야 다 좋다는 말이
과연 옳은 것인가를 생각해 본다
어떻게 사는 것이
가장 바람직한지
생각해 볼 겨를도 없이
골방에 박혀 있는 동안에
가슴에서 끌어낼 수 있는 것은
아무것도 없었다
의미 있게 살아가려면
무엇보다 사랑을 먼저 해야 한다지만
베틀 신을 끌어
날실에 씨실을 걸기까지에는
앙가슴으로 흘러내리는
단 한 방울 땀조차도
쉽게 닦아낼 수 없었다

말코에서 풀어낸 모시 한 필을 바라보며
새가 낮다느니
날이 촘촘하지 않다느니
남들은 쉽사리 말하곤 하지만
골방에서 다져진 마음의 장벽은
좀처럼 무너지지 않았다
그 넉넉했던 마음들은
다 어디로 사라져버린 것일까
초생달이 온달이 되어가고
다시 온달이 초생달 되기를 몇 번
얼마나 높은 장벽으로 쌓여져 왔던가
끝이 좋아야 다 좋다는 말이
과연 옳은 말인가,
말코에 감은 모시 한 필을 내려놓고
말코를 굴리며 생각해 본다

*말코 : 베틀에서 베가 짜여 나오면 감는 대를 말한다. 말코 끝에 부테 허리끈이 매어져 있어 몸의 힘으로 날실과 씨실로 짜인 베를 당겨 감는다.
*부테끈 : 베틀의 말코 양끝과 부테를 연결하는 끈.
*베틀신 : 베틀의 용두머리를 돌리기 위하여 신대 끝에 줄로 이어서 달아놓은 외짝 신으로 한쪽 발에 신고, 다리를 오므렸다 폈다 하면서 용두머리를 돌린다.
*새 : 옷감의 굵고 가는 짜임새를 세는 단위로 '승(昇)이라고도 한다.

※ 모시 옷감을 한 필을 짜는 데 걸리는 시간은 대략 석 달. 한 필이 폭 30cm, 폭 21.6m이니 석 달을 걸려 짜는 옷감으로 전통 한복 한 벌과 남자 저고리 하나를 만들 수 있다는 계산이 나온다.

부테

베를 짜다 보면
세상 살아가는 이치도
깨닫게 됩니다
날실을 잡아당기는 것도
잡아 당겨지는 것도
서로가 매 한 가지이지요
허리에 두른
부테의 역할이 바로 그런 겁니다
짜인 베를 당겨
말코에 정성껏 감고 나서
부테끈을 매만지다 보면
살아가는 게 모두
알아차리는 마음에서 시작되지요
무엇인가 선택하게 되는데
그러다 보면 무싯날에도
그늘을 찾게 되는 거 아닌가요
알아차린다는 것은

새로운 마음을 낸다는 것이지요

알아차림이 있다 하여도

이내 잊어버리고 사는 것이지요

몸과 입과 마음으로 짓는 악업조차도

다 지나고 나면

겨우 알아차린 내색에 그치거나

기억하지도 못하게 됩니다

베를 짜다 보면

바로 자기의 마음을

마음대로 할 수 없다는 것도

날실을 당기거나 당겨지듯

세상 살아가는 것이라는 것도

알아차리게 되는 겁니다

*부테 : 베틀의 말코 양쪽 끝에 끈을 매어 허리에 두르는 넓은 띠로 베틀 의자의 등받이와 같이
연하고 넓적한 나무 껍데기를 이용하여 가죽이나 헝겊, 또는 짚으로 만들어 베를 짜는 사람의 허
리 뒷부분을 감싸 받쳐주고, 직조織造할 때 날실에 장력(張力 : 잡아당기거나 당겨지는 힘)을 주
어 날실을 팽팽하게 해준다.
*무싯날 : 장이 서지 않는 날이란 뜻이나 여기서는 평소 그렇고 그런 날의 의미로 사용함.

잉앗대

  쉬지 않고 비가 내리는 날에 침침하고 축축한 골방에서 베를 짠다는 것은 그리 쉬운 일이 아니었다 뜨락의 감나무 잎에서 물방울이 툭툭 떨어지듯 물기 먹은 날실이 하나둘씩 끊어지곤 하였다 베짜는 누이의 신경은 거꾸로 꼿꼿이 섰다 이따금 화롯불을 들여놓고 축축해진 날실을 말리기도 하였으나 한여름의 화롯불이라 골방은 찜통이 될 수밖에 없는 일이었다 그러나 이런 날 어둠침침 깜빡 낮잠에 들기에는 가장 알맞았다 때때로 우릉우릉 천둥이 울고 또래들이 굵은 빗방울에 쫓겨난 터라 동구 밖에는 개미 한 마리 어린 또래 하나 보이지 않았다 나는 심심하고 또 심심하던 차에 마악 피어나기 시작하는 뜨락의 분꽃 피어나는 모습을 들창 너머로 바라보던 중에 문득 벌떡 일어나 아버지의 놋재떨이를 밟고 말았다 그와 동시에 갑작스럽게 내 손목을 나꿔채는 억센 손과 함께 들려오는 앙칼진 누이의 목소리에 혼비백산 두 눈을 뜨고 말았다 그런데 아뿔싸, 이게 무슨 일인가 벼락이 내려치는지 두 눈 번쩍하는 사이에 내 종아리에 잉앗대의 날센 매가 떨어졌다 굳이 들어오래도 들어가지 않을 그 우중눅눅한 베틀방에 내가 왜 들어가 날실을 몇 개 끊어놓았는지, 무엇이 누이의 날카로운 신경을 건드렸는지, 그래서 누이에게 잉앗대 매맛을 보기까지 하였는지 지금까지도 알다가도 모를 일이었다 원래 여러 올의 실고리로 베틀의 날실을 엇바꾸어 끌어올리도록 잉아를 하나하나 꿰어 걸쳐놓은 잉앗대나 잉앗대 밑으로 들어가는 속대도 시누대였으니, 베틀방에서 여차하면 잡히는 것이 모두 시누대로 된 잉앗대였다 지금까지도 베틀을 생각하면 알 종아리에 얼얼얼 배어 나오는 잉앗대의 처참해진 매맛. 나는 오직 아버지의 놋재떨이를 짐짓 밟아 요란스러웠을 뿐인데, 지금까지도 어찌해서 골방으로 들어가 날실을 끊어놓아 얽어터지게 되었는지 그 까닭조차 알 수 없는데 산모롱이를 돌다가 시누대밭이라도 만나면 섬뜩하게 종아리부터 떨려오곤 하는 것이었다

***잉아실** : 베를 짤 때 베틀의 날실을 엇바꾸어 끌어올리도록 하는 여러 올의 굵은 실고리로, 날실(잉아올) 하나하나를 잉앗대에 꿰어 걸어놓는다.
***잉앗대** : 베틀에서 눈썹줄에 매달아서 아래로 잉아를 걸어 놓은 막대기이며, 잉앗대 밑에 들어가는 나무막대기는 속대라고 하는데, 시누대를 사용하곤 한다.

베틀신

베틀 앉을께 위에 앉아

부티를 허리에 두르고

부티끈을 말코에 매고

오른발에는 베틀신을 집어넣는다

베틀신을 끌어

용두머리를 돌리고

눈썹대, 잉아를 올려

북길을 만든다

끝없이 밝고

끝없이 어둡고

끝없이 자유롭고

끝없이 부자유하며

건너뛰어야 할 길

밀어붙이고 밀어 당기며

모두 다 한 마음으로

교차하는 날실과 씨실

바딧집을 잡아당겨

어엿하게 짜여놓은 평직平織의 베
처음부터 바른 발걸음에서는
나중에 할 일을 먼저하고
먼저 할 일은 나중에 하면서
스스로 그르쳐 놓고
세상이 속였다는
세상의 무상無常은 없다
모든 것이
제 자리에 돌아앉아
베틀신을 내릴 때는
철모르는 바람조차 조심스럽다

베틀신을 당겨
새로운 길을 새롭게 한다
새로운 북길을 만든다
날줄과 씨줄이 다시 교차하며
베틀신을 당기고 놓으면서

한 필의 베를 짜기 석 달

눅눅한 골방에도

햇살의 발자국이 문득 선명하다

***베틀신** : 베를 짤 때 신대 끝에 줄을 당기기 위해 달아놓은 외짝 신. 한쪽 발에 신고, 다리를 오
므렸다 폈다 하면서 용두머리를 돌린다.
***용두머**리 : 베틀 앞다리의 맨 위에 가로 얹은 긴 나무.

바디집

베틀에 앉아
바디집을 당길 때마다
찰칵, 찰칵, 찰칵, 가볍다
세상에 이렇게 신나는 일이 있을까
찰칵, 찰칵, 찰칵
엊그제 새벽 모시 시장에서
새가 높은 촘촘한 모시 한 필
최상급을 받고 팔아왔으니
이보다 더한 기쁨 어디 있으랴
입술이 마르고
침이 들러붙어도
석 달을 걸려 짠 최상급 모시 한 필
생각만 해도 가슴 들뜰 일이다
술을 그토록 좋아하던 서방까지도
지난 장날에는 웬일인지
그냥 돌아오지 않았더냐
바디집을 힘주어 잡아당기니

찰칵, 찰칵, 찰칵, 절로 신난다

아들의 사친회비도,

큰 애의 혼수준비 하나라도

이참에 마련해야지

시아버지 생신날,

모처럼 고깃국도 끓일 수 있겠구나

밖의 바람은 창호지 문에

대숲을 불러 묵화를 치고 있다

되나 케나 신세타령을 주워섬긴

베틀가가 부질없다

저 푸른 초원 위에, 찰칵

그림 같은 집을 짓고, 찰칵

사랑하는 우리 님과, 찰칵, 읊조리는데

골방문이 슬그머니 열리면서

아가야,

오늘은 이제 그만 자그라이

겨드랑 밑으로 불어오던 밤바람이

앙가슴의 땀방울까지 씻어 내린다

*모시 한 필 : 모시 옷감을 한 필을 짜는 데 걸리는 시간은 대략 석 달. 한 필이 폭 30cm, 폭 21.6m이니 석 달을 걸려 짜는 옷감으로 전통 한복 한 벌과 남자 저고리 하나를 만들 수 있다는 계산이 나온다.
*바디집 : 바디는 날을 고르며, 씨를 쳐서 짜는 대오리 같은 것을 참빗살처럼 세워 대고 단단하게 실로 엮어 만든 바디의 위아래에 마구리를 대고 비녀를 꽂아 만든다. 살의 틈마다 날실을 꿰어서 날실을 고르며 북의 통로를 만들어주고 씨실을 직전織前까지 쳐준다.

물대접

베틀에 올라앉아
타는 목부터 축인다
굳게 닫힌 문은
어둠침침하게 베틀을 굳게 지키고
어느 누구도
함부로 기웃할 수 없는 방
숨이 막힌다, 목이 마르다
신새벽 모시장으로 떠난
사내의 기척은 아직까지도 없고
처마 끝을 쓸며 지나가는
달그림자마저 슬그머니 거두어 간다
장승처럼 버텨선
뒤켠의 느릅나무가 달 대신
굵은 그림자를 듬뿍 늘여놓는다
아낙은 침을 모아 꿀꺽, 삼킨다
화롯불 속의 잿불처럼
슬그머니 울화가 치민다

입안까지 바싹, 타오른다

물대접의 물을 한 모금

입안에 옥물고는 푸욱,

안개처럼 날실에 뿜어댄다

물대접에 젖을개를 축여

뿌려도 본다

메마른 날실이 순간 눅눅해진다

베틀신을 끌어 북길을 만들고

힘껏 앙칼지게 북을 밀어 넣는다

철컥, 바디집을 부딪는 소리

밤이 깊어지면

장날마다 들려오는

술 취한 사내의 몸 부리는 소리

쿵, 이제는 징그럽다

물대접에 겨우 비친

희미한 달빛이 파르르 떨어댄다

***젖을개** : '목축이개'의 사투리로 날실의 건조를 막기 위해 날실에 물을 축이는 데 쓰는 기구로, 먼지떨이처럼 막대기 끝에 헝겊을 서너 오리 잘라 만든다.
***물대접** : 날실이 메마를 때마다 날실을 축여주기 위하여 베틀 방에 물대접을 준비해놓곤 한다.

시침대

베를 짜면서
베틀신을 끌어당겼다 놓으면서
날실이 겹치는가 알아차리는 것과
알아차리지 못하는 것은, 분명
마음을 바로 내는 것이기도 합니다
움직이는 것은 베틀신을 끌고 미는 일이지만
알아차리는 것은
마음에 의해 일어나는 것
하나만 가지고는 되지 않습니다
창호지 문밖으로는 바람이 지나고 있는지
대숲의 대바람 소리가 휘둘러대는지
골방, 창호지 문살에는
풍죽風竹 한 폭이 그려지는 걸 보면
사랑채 앞 헛간 지붕 위에서는
새하얀 박꽃이 달빛 모으기에 한창일 것입니다
아, 갑자기 친정 오빠
휴가 나온 소식이 궁금해집니다

밖에서 땡감 하나 빈 장독 위로 떨어지는지

갑자기 툭, 하는 소리가 들려옵니다

밀창문이 열리면서

시어머니의 목소리가 들립니다

―애야, 오빠가 휴가 나왔다던데,

모처럼 친정에 다녀오지 않으련?

아, 염화미소처럼

우렁차게 들려오는 달빛 쏟아지는 소리

베틀신을 가볍게 끌어당기자

비경이 곁에 머물던 시침대가

엉켜 붙으려던 날실을 가볍게 떼어줍니다

*시침대(=사침대. 시치미) : 베틀의 비경이(=베틀에서, 잉앗대와 사침대 사이에 날실을 걸치도록
가는 나무 세 개를 얼레처럼 벌려서 만든 것) 옆에 있으면서 날실의 사이를 띄워 주는 역할을 하
는 두 개의 나무나 시나대나무 막대기.

제4부

참외 서리

동치미와 고구마

　창호지 문밖으로 불던 된바람이 문풍지를 울리기 시작하면서 겨울밤은 비로소 점점 깊어만 간다 등잔불은 깜빡이면서 마주한 누이들의 얼굴에 그림자를 드리우고, 한 켠에서 초저녁잠을 이기지 못하던 한 누이는 꿈속에서 사랑하는 사람과 이별을 하는지 연신 흐느끼자 장난기가 발동한 한 누이가 눈썹 그리던 연필을 꺼내어 수염을 그려주기 시작하는데 눈썹연필을 옮길 때마다 꿈틀거리는 모습에 그만 깔깔깔깔 웃음을 폭발하고 만다. 웃음 끝에 밀려오는 한겨울밤의 시장기, 초저녁부터 올려놓은 무쇠솥의 고구마를 건져 올리고 어떤 누이는 뒷뜨락으로 달려가 땅속에 묻혀있는 김장독을 열어 놀놀한 배추포기며 무덩이를 건져 올려 한 양푼 넘치도록 담아낸다 문득 창호지 문밖에서는 눈 먹음은 구름사이로 섣달 보름달이 지나고 있는지 문풍지도 배꼽을 잡던 웃음소리를 토해내는가 꿈 속 이별의 서러운 울음을 달래는가 하다가 창호지 문에 그만 그림자를 내려놓고 만다

---

*누이가 많은 필자의 집에는 자연스레 동네 모시방이 되어 온 동네 누이들은 모시 광주리를 들고 끊임없이 모여들었다. 모시를 하는 동안 깊어가는 겨울밤에는 한밤의 시장기를 잊어버리려고 고구마를 쪄서 동치미와 함께 나누어 먹기도 하였다.

모시 노래방

  누이들의 모시방은 깊은 밤까지 이어지는 노래방으로 변한다. 모시를 째던 손을 멈추고는 한 누이가 노래를 부르고 나면 다음에 또 다른 누이가 노래를 부른다. 그러다가 잠자코 모시만 쥐어뜯던 누이까지 합세하여 따라 부른다. 노래 가사를 적은 종이가 이 손에서 저 손으로 옮겨 다니고, 둘둘 말은 꾸묵 뭉치에 잉앗대 하나 적당히 분질러 꽂아 놓으면 멋진 마이크가 된다. 박자는 잉앗대를 양손에 쥐고 모시 광주리를 두드리면 된다. 하하하 호호호 허리를 잡고 웃다가 배꼽을 잡고 배가 아파 더 크게 웃지도 못한다. 얼마나 사무치는 그리움이냐며 찔끔 흘린 눈물이 채 마르기도 전에 한여름밤 불을 찾아 헤매는 불나비에 놀라 허겁지겁 파리채로 때려잡기도 하고, 저 푸른 초원 위에 그림 같은 집을 지으며 애타도록 보고파도 찾을 길 없다면서 찬란한 별만 보고자 했지만 끝내 별을 싸고 도는 어두운 밤하늘에 한숨을 내던지기도 한다. 모르면 몰라도 분명 노래방은 누이들의 모시 방으로부터 시작되었을 것이라고 자꾸만 믿어진다

*위의 시에는 다소의 유행가 가사가 삽입되어 있음.

참외 서리

한여름 밤 차갑게 밝은 달은 물안개까지 불러 모아 때때로 한 치 앞의 길도 구분할 수 없게 한다 그러나 시간이 지나 점점 밤이 깊어져 가면 사람의 발걸음만 희미하게 보일 뿐, 늘 만나던 사람조차도 누가 누구인지도 모르게 한다 이때를 놓치지 않고 모시방에서 모시를 쥐어뜯던 누이 몇몇이 머리를 맞대고 갑자기 구수회의다 이윽고 모시방에서는 낯선 사내 두어 명이 나오고 뒤이어 누이 두어 명이 뒤따른다 여느 때보다 빠른 걸음으로 구렁목을 넘어 작은 내를 따르다가 산기슭 참외밭 근처에서 일순 걸음을 멈춘다 외막에 그을린 그림자 하나 분명 할아버지다 슬금슬금 참외밭 속으로 기어 들어 간다 조심조심 엉금엉금, 참외 줄기가 다치지 않도록 희미해진 달빛을 모은다 그때다 갑자기 외막으로부터 기침 소리가 들리는가 했더니 후레쉬 불빛이 비춰온다 그러자 건장한 사내 둘이 참외밭 한가운데에서 우뚝 솟아오른다 헤헴! 무척이나 낮고 굵은 목소리다 위엄 있는 목소리다 그러자 멀리 불빛을 따라 한 목소리가 희미하게 화답하듯 들려온다 참외줄기 다치지 않게 조금만 따가거라 그런데 이것은 무슨 해괴망칙한 일인가 외막지기 할아버지의 겁에 질린 목소리에 맞장구치는 활기차게 반가운 처녀들의 목소리 걱

정마세요 할아버지, 몇 개만 따갈게요

*모시 방에서는 동네 누이들이 짓궂은 장난도 마다하지 않았다. 그중 참외 서리는 최소한의 예를 갖춘 짓궂은 놀이 중의 하나였다.

옛날이야기를 듣다

  옛날이야기가 듣고 싶은 나는 거침없이 누이들의 모시방에 들었다 어린 마음에도 모시굿을 엎으면 절대 안 되는 줄을 알고 있는 터라 조심조심하면서도 재빠르게 모시 광주리 사이를 위태하게 나다녔다 친누이는 그런 나를 향하여 짐짓 무서운 얼굴을 하고는 심히 꾸짖었으나 그런 꾸짖음에는 이미 익숙해질 대로 익숙해진 터라 듣는 둥 마는 둥 나의 행동에는 멈춤이 없었다 그러자 눈치 빠른 동네 한 누이가 모시 째던 손을 멈추고는 내 손을 꽉 잡아 곁에 앉혔다 내 심술이 한두 번이 아니어서 누이는 곧 내 심술의 뜻을 재빨리 알아차렸다 그래 본격적으로 옛날이야기가 시작되었다 그 누이의 두 손은 요술 손이라서 등잔불을 막아서기만 하면 온갖 형상이 벽면을 가득 채웠다 여우나 나비나 염소 등 온갖 동물뿐만이 아니라 죽장에 삿갓을 쓴 방랑객이 벽면처럼 가파른 인생길을 걷는 모습도 보여주었다 그런데 그날은 참 이상한 옛이야기뿐이었다 순전히 귀신 이야기였다 바로 우리집 뒤란 언덕 땅속으로 번져나간 대나무 숲에서 으스스한 바람이 불어오는데 그것은 바람 소리가 아니라, 귀신이거니와 장가 못가 결국 뒷산 왕솔나무 아랫가지에 목매달아 죽었다는, 몽달귀신의 햇굿이 헛웃음소리 흐흐흐흐 큰내

징검 너멋동네 엠병 앓다 죽은 처녀귀신의 울음에 웃음 섞인 소리는, 히히오으히히오으 어느 누구네 바깥 칫간에서라던가 한 불효자식이 앓아누운 늙은 에미를 칫간에 버린 일이 있었는데, 그 후 늙은 에미가 하체는 썩어가고 상체만 살아남아 뒤를 보는 궁뎅이를 쓰윽 씻어주었다던가 하는데, 구렁목 바람소리가 갑자기 크게 들리더니 흔들리던 등잔불이 휘익, 꺼지면서 세상은 컴컴컴, 흐흐흐히히히 순간 나는 그만 놀라 나자빠져 안방의 흐미한 불빛을 좇아 허겁지겁 내달리고 말았다 그 바람에 하룻저녁 내내 삼아 쌓은 모시굿 몇이 나동그라지고 톱질용 물대접이 뒤집혀져 방바닥에는 물바다 난장판이 되어버리고 말았는데, 그 덤텡이를 온갖 몸짓과 변성으로 나에게 옛날이야기를 실감나게 들려주었던 누이에게 모두 돌아가고 말았다나?

*필자는 어릴 적 누이들 모시판에서 훼방 놓는다는 엄포로 누이들에게 옛날이야기를 해달라고 졸라 댔다. 그 바람에 옛이야기를 실컷 들었는데 특히나 한 누이가 아주 재미있게 해준 기억이 새롭게 떠오른다.

신새벽, 모시 장터

　모시는 물기를 품어야 제값을 받는다 밤이슬이 축축하게 길가 풀숲을 적시고 있을 때, 새벽 별마저 이슬에 젖어 뉘엿뉘엿 가물거릴 때라야 모시 장이 붐빈다 필모시가 제값을 받으려면 물기를 품어야지, 새벽이슬 맺힌 새벽에 모시 장이 선다 뿌연 입김이 피어오르고, 그 사이로 촛불이 까물거리는 순간은 자못 긴장이 고조된다 필모시가 본격적으로 거래를 시작하는 시각, 아내는 이 모시 한 필을 짜내기 위하여 곰팡내 나는 축축한 골방에서 얼마나 많은 땀방울과 한숨을 구석지게 섞여왔던가, 잠시 집에 두고 온 아내의 얼굴이 떠오른다. 필모시를 사이에 두고 필모시를 들고 온 사람과 모시 중개인이, 한 켠으로는 상인들 사이의 신경전이 시작된다 흔들리는 촛불이 필모시를 둘러싸고 있는 얼굴에 명암이 서린다 한 올 한 올 어린 불빛에 짐짓 서로의 눈빛을 읽어가다가 마침내 툭툭 자리를 털며 일어선다 문득 무릎이 저리다는 걸 깨닫는다 멀리 햇귀가 일어서고 있다.

*한산에서 모시를 전문적으로 파는 시장도 일정한 습도 유지를 위해 새벽 2~4시에 선다. 지난날 허름한 목조건조물로 오히려 장터 분위기가 그럴듯했던 한산 모시장(충남 서천군 한산면 지현리). 한산 모시장은 새벽 4시 경이면 장이 서서 새벽 어스름이 가실 때 장이 파한다. 모시가 본격적으로

거래되는 시간. 4~5일 동안 시골 아낙이 정성 들여 짠 필모시를 가운데에 두고 한쪽에는 모시 중개인이 또 한쪽에는 상인이 마주 앉는다. 모시를 팔러온 사람들과 사러 온 상인들 간에 보이지 않는 신경전이 시작된다. 끊어질 듯 이어지는 흥정에선 마치 가느다란 모시 올 같은 긴장감마저 감돈다. 필모시는 마치 새댁 선 뵈듯 불빛에 비춰지면 한 올 한 올 섬세하게 살피는 눈길에 맡길 수밖에 없다.

모시 장날에

　무슨 주막이 그리 모시장 길에 많다는 말인가 한산 모시장에 오가는 길은 이십여 리 길 길가에는 족족 주막집이 버티어 있다 닷새마다 한산장이 서고 모시장이 서는 까닭에 신새벽 모시장 가는 길 주막집들은 붐비다 모시장 가는 길에서는 아직 일러 굳게 문 닫혀 있다가 모시장이 일찍 파하고 사람들이 돌아올 무렵을 즈음하여 늦잠에서 깨어난 주막집들이 하품을 토해가며 비로소 하나 둘 열리기 시작한다 손길이 바빠진다 모시 팔고 집으로 돌아가는 발걸음을 붙잡아 맬 요량이다 마침내 모시장이 파하고 오일장에 들어서고 모처럼 이웃동네 초상집 눈물이며 모시밭에 들어서 뒤를 보던 과부댁 궁뎅이 얘기까지 푸짐하게 늘어놓다보면 적당한 취기에 집으로 돌아갈 길은 마냥 바빠진다 얼음 쟁인 동태 몇 마리 꿰차고 등에 매달았던 모시 한 필은 간 곳이 없지만 고쟁이를 열두 벌 입어도 보일 것은 다 보인다고 허리춤에 찬 전대가 보이지 않을까 주막집 아낙에겐 모든 게 다 보인다 두 눈이 괭이눈처럼 갑자기 빛나고 입가엔 웃음이 자르르 넘쳐흐른다 전대를 찬 허리춤이 바르르 떨린다 발걸음이 느려지고 한결 힘이 풀린 양 무릎에 집으로 가는 길은 한층 멀어지기만 한다 모시장 서는 날 땅거미가 질 무렵 구렁목 고개에서 한참을 섰던 아낙의 목소리가 건너 산 꼬작집에서 점점 어두워가는 안개 너울을 타고 온 마을에 앙칼지게 깔리기 시작하는 걸 듣다 보면 오늘 밤에는 아마도 쉬이 그칠 것 같지 않다 어둠이 오기 전 미처 집으로 가지 못한 까치 한 마리가 야행의 구렁이에게 앞다리를 낚여 채였는지 까작까작까작 자지러지게 울어쌌는다

*꼬작집 : 마을의 가장 꼭대기에 있는 집.

마실방 속 영화映畵 장면

　면 소재지 마을에 영화가 들어왔다 신성일과 김지미 주연의『이수일과 심순애』*다 초등학교 고학년 수업이 다 마쳤을까 하는 시각에 이르러 스피커에서는 구슬픈 노랫가락과 함께 노기등등한 애틋한 이수일의 목소리가 마실방 누이들의 모싯굿 속에 깊이 스며든다 밝은 달빛은 대동강 물위를 비치고 흘러가는데, 아, 어이하여 이수일과 심순애는 말없이 그 달빛만을 바라보고 있는가 백년해로를 맹서했던 순애가 아니었던가 김중배의 금반지가 그리도 좋았단 말인가 하는 소리가 들리는 순간 누구의 입에서인지 느닷없이 튀쳐나오는 소리, 이이구, 저 육시헐 년. 돈이면 다혀? 평양 갑부 김중배면 뭐하고 장안 갑부면 다 뭐할 것여 돈에 팔려나가는 거지 그런데 이건 무슨 일인가 어느 누이의 모시굿인지는 몰라도 모시굿 하나가 영화 한 장면의 얘기처럼 뒤엉킨 채 마실방 한가운데 나동그라져버렸다

---

*1965년에 개봉된 영화. 신성일과 김지미 주연의 『이수일과 심순애』는 조중환의 번안소설 〈장한몽〉 원작으로 한 영화로 일본작가 오자끼 고요요의 통속 소설 〈금색야차〉를 번안한 작품이기도 하다.

모시굿에 떨어진 불똥

 등잔불보다 밝은 촛불을 켰는데 잔바람에도 파르르 떨리는구나 두 쩐지 사이에 매어놓은 모시올을 출렁이는 저수지 물낯에서 햇살 거두듯 한 올 한 올 건져 올린다 두 모시올 끄트머리를 맞대고 입술 사이로 침을 살짝 묻혔다가 알무릎 위에 올려놓고 비벼 한 줄로 이어지도록 모시를 삼는다 삼은 모시올을 조근조근 모시 광주리에 쌓다 보면 어느 사이 수북해진다 술빵처럼 부풀러 오른다 조심조심 한 손으로 눌러 다지다 보면 가는 모시올도 이렇게 길고도 질긴 모시올이 되는구나, 쩐지와 쩐지 사이로 매달린 쩬 모시올 하나하나씩 떼어내어 이어가듯 인연은 처음 만남에서 시작하여 살아가는 동안 내내 모질게 이어가는 것 삼십 리 길을 걷고 또 걸어 시집 와서 벙어리로 삼년 장님으로 삼년 귀머거리 삼년* 모시 삼는 법을 익힌 것으로 입술은 타고 입안은 점점 말라만 간다 시집에 울쳐진 것도 아니요 담 두른 집도 아닌데 그냥 갇힌 채 그대로 모시만 쥐어뜯은 세월들이 한꺼번에 처마 밑으로 지나는 달그림자를 쫓아갔는가 했는데, 아! 무심결에 촛불을 건드렸는가 모시 광주리 속으로 뜨거운 불똥 하나 미친개처럼 뛰어든다

---

* '벙어리로 삼년 장님으로 삼년 귀머거리 삼년'은 전래 민요 〈시집살이요〉에서 빌림.

모깃불 속에

처서를 지나 백로가 가까워져도 아직 한여름의 더위가 기승을 부린다 하늘 가득한 별들이 밤마다 찾아오고, 이미 소문나버린 첫사랑 이야기에 수줍음을 감추지 못한 한 누이의 낯빛이 희미하게 붉어진다 헛간 지붕 위에서 하얀 박꽃이 달빛으로 한창 물들어가는 동안, 안마당 저 만큼에 펴놓은 모깃불 속에서 모깃불은 하얀 연기를 무럭무럭 피워 올린다 시끌벅적할 말들이 많은 동네 누이들이 초저녁부터 몰려와서 안마당에 펼쳐놓은 밀짚 멍석을 깔아놓고 모시를 째기도 하고 삼기도 한다 때로는 톱질하는 소리가 뽕짝의 박자가 되기도 하여 밤하늘의 별빛이 더욱 빛나기도 한다 텃밭의 풀 섶에서 축축이 이슬 적시던 아버지의 푸새한 모시 두루마기를 거두어 엄니는 큰 딸과 마주 잡고 마루에서 다리미질하기에 열중이다 붉게 타오르는 다리미 속의 숯불에 엄니의 얼굴이 붉어져 달아오른다 내일 신새벽에 아버지는 그 모시 두루마기를 입고 모시 한 필을 짊어지고 한산 모시장으로 가실 게다

언제 안마당을 빠져나갔을까, 누이 두어 명이 사립문을 열고 옥수수를 두 손 가득 들고 들어온다 큭큭큭큭, 옥수수 서리를 해온 모양이다 옥수수 껍질을 벗기기도 아니한 채 모깃불을 헤치고 묻어

놓는다 조금씩 모깃불 연기 피어오르듯 옥수수 냄새가 마당 가득
차오른다 그때 다른 날보다 일찍 사랑방에서 돌아오던 아버지가
한 마디 던진다 아직 옥수수가 다 익지 않았을 텐데 벌써 옥수수를
땄니? 누이들은 아무 말도 하지 못한다 고개를 숙인 채 모시만 쥐
어뜯는다 아버지는 모르는 척 그냥 방에 든다 다른 날보다 일찍
방안에 든다 남의 옥수수 함부로 손대지 마라, 누이들은 서로 눈
을 마주하고는 키들키들 웃는다 그 웃음 속에, 처서를 지낸 옥수수
냄새가 고소하게 퍼진다

모시올 사이로 바람이

바람이 불어온다

탁류의 금강, 갈대밭에서 흐느끼던 바람이

모시밭으로 불어온다

여름 어느 날 구름 가득 내리는 날

빈방 홀로 생모시적삼을 걸친 채

해방 맞아 인공 때를 넘긴

엄니의 말라붙은 앙가슴 사이로

바람이 불어온다

4월처럼 5월인 양 마주한

쩐지 사이로 척 늘어진 모시올에

바람이 불어온다, 모시올이 가볍게 흔들린다

올 자식도 갈 자식도

기다릴 일이 전혀 없는

시집살이 짠 눈물조차도 없는

가장 버리지 못할 이곳에서

어찌 센머리 가득 수고로이 할 것인가

너무 지나치지도 않다면

차마 부족하지도 않은 것

양 끝을 여의고

양 끝을 생각해볼 일은

추호도 찾아볼 수가 없다

살다 보면 이따금씩

끙끙 짊어지고 온 삶의 그림자가

낯설게 느껴질 때가 있지만,

주춤거릴 일도 없는 지금

헤쳐 나가야 할

보이지 않는 삶의 무게는

전혀 낯설지 않아 오히려 민망할 뿐이다

쩐지 사이를 가로지른 모시올이

중심 없이 흔들리다 조용히 멈춘다

한때 작은 것도

손에 잡히지 않고

생각만 해도 설레이던 일들이

바람처럼 한참 머물다가

고장 난 시계처럼 딱 멈추어 선다

그래, 그래도

멈출 수 있다는 건 참 좋은 것

찐득찐득 습기 가득한 그 어느 여름날

바로 오늘같이 무더운 날

삶의 무게를 무색하게 만드는 쓸쓸함이

소리 소문도 없이 찾아온다

홀로 모시를 째고 있는 엄니의

깡마른 앙가슴이 가려진 생모시적삼

모시올 사이로 작은 바람이 인다

한산모시옷을 입는 여인
— 한산모시전시관에서

세상의 욕심이란 욕심을
시원하게 뱉어낼 수는 없을까
보이는 것이란 모두
본능처럼 다 좋아해서
생각하고 물들고 집착하여
단 한 점도 떼어내지 못하고
가슴 한 복판에서 치솟는
고도高度의 열기에 속앓이를 하고 있는데
결코 보이지 않는 것
손으로도 잡을 수 없고
눈으로도 볼 수도 없고
보이지 않아 욕심을 욕심이라 할 수 없는
헛된 생각을 떼어낼 수 없을까, 하는데

얼마나 멀고 먼 곳에서
긴 걸음을 끝으로 예까지 와서는
하얀 모시 치마저고리를 입어보며

바람 같은 웃음을 가득 날리며
저리도 가벼운 눈빛을 하고 있는 것일까
저 고운 중년의 여인이
지금 속세를 벗어나고 있는 중인 듯
연신 무상無常의 몸짓을 보여주고 있다
무엇인가 감수甘受하고 있음이 분명하다

어느 해 여름날
푹푹 찌는 듯이 무덥던
한산모시전시관
너른 바다에서처럼 심연이 있는 듯

동자북 마을
— 모시마을을 찾아서 · 1

이 마을 목에서는

바디질 소리보다도 더 크게

둥둥둥, 북 치는 소리가 먼저 울린다

크게 울려온다

아우성처럼 몰려든다

모시올처럼 질긴 북소리, 둥둥둥

베를 짜면서 내쉬던

한숨 소리도, 징그러운 시집살이도

열아홉 동자들이 내려치는

북소리에 묻혀버린다

차라리 베틀을 박차버리고

남새밭으로 나가

유들유들 자라나는 바랭이나 잡아 뜯어낼까

그령의 뿌리라도 단단히 엮어놓고

마파람의 발목이나 낚아채어

심술처럼 호박 꼭지나 따내 버릴까

한풀이를 다 하고 나면

땅거미가 내려앉기 시작하고
수행자처럼 잦아버린 북소리가
모시적삼 등을 치듯
흠뻑 저녁 이슬에 젖어 들다 보면
몸으로 받은 지아비와의 인연은
아무리 미워도 소중할 수밖에 없다
저녁매미가 울음을 길게 울어
어둠을 끌어모으자
아랫채 지붕 위에서
하나둘 박꽃이 먼저 피어나고
소리 소문도 없이
뒤따라 여름달이 동그라니 떠오른다
사립문 밖 감나무가 호위무사처럼
뜰 안에 짙은 그림자를 드리우면서
동구洞口로부터 또다시
바디질 소리보다도 큼직하게
둥둥둥, 북 치는 소리가 울려온다

크게 들려온다

*유들유들 : 매끄럽게 윤이 나고 뻔뻔하게 행동하는 모양.
*그령 : 고사성어인 결초보은結草報恩에서 적장을 꼬꾸라뜨렸던 여름풀.
*충남 서천군 한산면 신성로 36-16에 위치한 동자북마을은 자리 잡고 있는 지세가 동자가 북을 치는 형국이라고 하는데, 백제의 사비성이 나당 연합군에 함락된 후 한산 건지산 주변 19명의 동자들이 왕자의 호위무사가 되어 용감히 싸웠으나, 숫적인 열세로 뜻을 이루지 못한 채 패하고 전장의 이슬로 사라진 후 동자북 마을에 비가 내리면 동자들이 치던 북소리가 들려와 이에 그들의 원혼을 달래기 위해 마을 사람들이 동자북을 만들었다는 전설이 전해져 내려온다.

달고개모시마을
― 모시마을을 찾아서 · 2

저녁밥 일찍이 먹고

어둠이 고양이 걸음처럼

동구 밖에서부터 천천히 걸어오기 시작했어

어느 사이 마을 안길은

밤으로 덮이기 시작하고, 밤이 가득해지고

그렇지, 그래, 평평한 땅을 가진 마을

어느 곳 하나

높고 낮은 데가 없어

그야말로 아무런 걸림 없어

알게 모르게 달은 떠오른 게야

마을길에 어둠이 짙어갈수록

달은 점점 더 밝아 오르는 게야

그냥 혼자 걸을 수밖에 없었어

자칫 기침이라도 나오면

달빛이 산산조각이 날 듯하여

발자국 뗄 때마다

숨 고르기에 조심조심

흠뻑 달빛에 취해버리고 싶었어

멀리 금강하구에서

아무런 거치적거림이 없이

선들선들 바람깃에 묻혀오는

물오리 떼 날갯짓 소리

달그림자가 갑자기 흔들리는 게야

물오리 몇 마리가

달을 향해 날아가는 게야

아, 바로 그때 하늘에서

깃털처럼 날며 내려오는

어머니의 베 짜는 소리, 백일몽 속에서처럼

긴가민가 들려오는 베틀신 끄는 소리

문득 발걸음을 멈추고

오랜 세월 동안 잊고 있었던

어머니의 숨결을 타고 내려오는

회심곡回心曲 한 소절을 듣고 있었던 게야

달고개모시마을에서 들었던 게야

*충남 서천군 화양면 화한로 504번길 5에 자리한 달고개모시마을에서는 한산모시를 왜 '세細모시'라고 부르는지 다시금 확인할 수 있다. 모시풀을 베는 모시매기, 모시 짜기 등 모시를 테마로 한 여러 가지 체험 거리들이 준비돼 있으며, 특히 모시짜기 기능보유자가 많아 귀중한 전통 한산세모시를 다양하게 체험할 수 있다. 떡, 차 등 모시를 넣은 먹거리도 준비되어 있는 마을이기도 하다.

구렁목 마을

　구렁목이라는 작은 고개를 가운데로 하고 웃뜸과 아랫뜸으로 나뉘고 당살뫼란 작은 산 하나를 둘레로 하고 있는 마을, 집집마다 밖마당을 두고 밖마당 아래로는 남새밭, 그 남새밭 한 곁으로 서너 평씩 모시를 가꾸고 있는 마을, 모시밭으로는 때때로 종달이도 멧새도 따스한 알들을 쏟아놓고 새끼를 쳐 어디론가 함께 날아가 버리곤 했다 구렁목 새집, 오칸 겹집의 딸 부잣집, 시도 때도 없이 동네 아줌마 아가씨들이 손목마다 태모시를 꼬여 감고 수없이 드나들던 모시마실방, 쩐지며 광주리며 톱이며 모시칼이며 물그릇이 한 켠에 모여 있고, '섬마을 선생님'이 유선방송 스피커에서 흘러나올 때면 어느덧 신나고 슬픈 타악기 연주에 맞추어 거대한 합창소리가 구렁목을 넘나들던 마을이었다 벗꽃이 필 무렵, 작은내를 건너면 큰내, 큰내와 작은내가 합치는 곳에서 장마철 폭우로 쏟아진 물길이 막히면 하얀 물바다를 이루며 온통 가느심을 당하는 사이 모시방 노랫소리는 '외나무다리'처럼 맥이 풀려 흘러나오는가 했더니 갑자기 웃음이 왜 흘러나왔을까, 몇 해 전 시집간 딸이 친정에 와서 재봉틀 위에 화장품통을 올려놓자, 친정 어머니 문득 궁금하여 뒤져보다가, 도대체 이것이 무엇일까, 무슨 치약일까 하며 보니 무슨 알지 못하는 꼬부랑 글씨만 잔뜩 쓰여 있었던 거야 딸내미가 눈치 채지 못하게스리 모올래, 그래 저희들만 좋은 치약을 쓰고 늙은 나한테는 얘기도 않고? 하는 마음에서 칫솔을 들고 나와 듬뿍 짜내어 칫솔 위에 얹혀놓고 이를 닦는데 어이쿠, 이게 뭐람, 게거품 같은 거품만 일어나는 고급 치약, 이상한 냄새에 그만 기가 질려 퀙퀙 퀙 퉤엑 뱉어내고 있는데 엄마, 그건 치약이 아니라 썬크림이야! 랬다나, 순식간에 모시방은 허리잡고 웃어대는 웃음으로 가득하고 때마침 면사무소 소재지에서 바람을 타고 들려오는 가설극장 스피커에 효녀심청 노래가 드높이 들려왔다 그런데 이것은 또 웬일이람, 너무 웃다가 그만 하필이면 물대접을 모시광주리 속에 툭 쳐서 엎질러버려 종일 째서 이어놓은 모시 한 굿이 그만 축축 늘어지고 말았으니, 구렁목 새집 모시 마실방, 가장 슬프고 즐거운 웃음이 곧잘 철철 넘쳐나곤 하는 그런 모시마을에 있었다

*가느심 : '볏꽃이 필 무렵 폭우로 물속에 담긴 벼가 썩어버리는 현상'을 말하곤 했다.
*구렁목 마을 : 일명 '조실'로도 불리고 있으며, 충남 서천군 시초면 신곡리 2구로 필자가 태어나 자란 마을이다. 지금도 필자의 집 산애재(蒜艾齋) 옆 마을회관에는 동네 아낙네들이 모여 모시를 하면서 이웃의 정을 높게 쌓아가고 있다.

모시바람 갈대바람 강바람

바다로 가는 끝, 금강 하구
진흙 벌을 휘감고 돌던 바람이
갈대숲에 이르러 갈잎 흔들어대더니, 어느 사이
줄줄이 매달린 빨랫줄의 태모시 뭉치에
소리 없이 깃들어 멈추듯 한다
살다 보면 이따금씩
이끌고 온 그림자가 낯설게 느껴질 때가 있고
앞으로 헤쳐 나가야 할
보이지 않는 발걸음의 무게로
한참을 주춤거리다가
어느 한 자리 딱, 멈추어 설 때가 있다
중심 없이 외로이 흔들릴 때가 있다
그제서야 비로소
태모시에 바람이 일고
바람은 제 모습을
조금씩 찾기 시작할 것이다
아무 일도 전혀 손에 잡히지 않고

예전엔 생각만 해도 설레던 일들이
낯설게 느껴지기도 한다
이제는 홀로 길을 걸어가야 할 때.
물에 젖은 몸에 햇살을 모으고
석 되의 침을 섞어, 밤낮 쉬지 않고
석 달 동안 짜낸 모시 한 필
올올에 바람을 엮어내다 보면
모시바람 갈대바람 강바람
모양도 이름도 하나로 붙일 수 없고
붙들 수도 떨쳐버릴 수도 없다
여기에서부터 다시 시작할 것이 아니라
맨 처음으로 되돌아가야 한다
풀을 먹여 곱게 다듬이질 곱게 한
모시옷올 사이에서
바람은 비로소 제 모습을
조금씩 만나기 시작할 것이다

한산모시문화제에 부쳐

이곳에는 마음을 깨친
크고 너른 그리움이 있다
곳곳에 가득가득 차 있다
찰칵찰칵찰칵 베 짜는 소리는
그리움이 끊어진 세계가 아니라
그립고 그리워하여 더 그리워할 것이 없는
가장 아름다운 삶의 절정이 된다
마음을 깨치고 난
완전한 자유의 세계가 된다
푸세한 한산세모시 저고리
올과 올 사이로 지나던 바람 줄기가
한 새 한 새 모이고 모여 있고
한 올 한 올 다지고 다져 품고
완전한 자유 속에서 한 차원을 넘어서면
모든 것이 내 것이고
내 것은 모두의 것이 된다
껍질을 깨고 모두 밖으로 나와,

자, 보셔요, 한때 서로의 마음까지도 끊어져 버린

굴욕과 슬픔, 질곡과 아픔에서 벗어나

하루하루 새롭고 충만한 마음으로

사랑 되게 살아가는

값지고 고귀한 삶의 모습들을…

잠자리 날개를 달고 예까지 이른 듯

1,000년 세월만큼이나 신비롭다

미워하고 원망하는 마음들이

내 운명, 내 잘못, 내 탓으로 여기면서

오랜 세월 어머니의 손을 타고 이어온

한산세모시, 그 올올에 새겨진

소중한 숨소리, 고동 소리, 기침 소리까지

아무것도 걸릴 것이 없다

학의 날개를 타고 내려오는 달빛을

온몸으로 받으면서, 이 땅 위에는

마음이 마음과 이어진

하늘의 뜻으로 가득가득 넘쳐난다

*한산모시문화제 : 해마다 6월 말경에 열리는 국내 유일의 천연섬유 소재 축제로 충남 서천군 한산면 한산모시관 일원에서 열린다. 문화체육관광부의 '2018년 문화관광 유망축제'로 선정되기도 한 한산모시문화제는 2018년도에 제28회째로 맞아 6월 22일부터 25일까지 나흘간 '천오백년을 이어온 한산모시, 바람을 입다'라는 테마로 펼쳐졌다. 이곳 한산모시는 충남 서천군 한산면 지역에서 생산되는 고급 모시로 한산모시짜기 기술은 1967년 1월 16일 국가무형문화재 제14호로, 한산세모시짜기는 1974년 8월 31일 충남 무형문화제 제1호로 지정되었다. 또한 2011년 11월 28일 한산모시 짜기는 유네스코 인류무형문화유산으로 등재되어 한산모시의 우수성을 전 세계에 알려지게 되었다.

모시 적삼

나 홀로 두렁배미 논길을 걸어야 할 때는 윗도리에 입는 홑옷 모시적삼을 입은 옛 어머니를 만나고 싶습니다 옷고름도 없고 다만 단추를 달아 여미도록 한 모시적삼 옛 어머니들은 아무리 무더운 여름이라도 반드시 속적삼을 입었습니다 적삼 벗고 은가락지 끼울 수 없듯 격에 맞지 않는 겉치레를 한다면 도리어 보기 흉하다는 것입니다 모두를 다 알 수가 있고 모두를 다 할 수가 있도록 옛 어머니는 동지섣달 추운 때에도 시집간 딸에게 모시 속적삼을 받쳐 입도록 했습니다 고추 같은 시집살이 시원스럽게 하라고 다짐하며 빌었습니다 이런 때가 있다는 것은 모처럼 만에 삶이 성숙할 수 있을 기회를 맞이한다는 것이지요 홀로 걸을 때 먼 길의 길이만큼 그 외로움의 길이만큼 삶의 깊이도 한층 깊어지게 됩니다 입이 부르트고 피가 날 때까지 모시올을 쪼개고 또 쪼개야 고운 옷감이 될 뿐더러 모시 째고 모시 삼고 모시 날고 모시 매고 모시 짜기에 이르기까지 너무나도 많은 먼 길을 걸어왔던 것입니다 오늘같이 아무리 무더운 여름이래도 모시적삼 앞에서는 밤공기가 참 좋습니다 저만큼 산기슭으로는 법당 앞으로 길이 나 있고 송방 앞 단풍나무 아래 널찍한 평상 하나 누워 있습니다 아무도 없습니다 비어 있습

니다 그 위에 그냥 벌렁 누워 하늘의 별을 바라봅니다 아무 걸림
없이 그대로 세상을 마주할 수 있어서 참 좋습니다 모시적삼을 입
은 옛 어머니들을 떠올리다 보니 이 세상에서 떠나 고요를 즐기고
있는 듯한 느낌입니다 분명 신들도 부러워할 옛 어머니의 속 깊은
모시적삼입니다

*송방 : 가게의 사투리.
*모시적삼 : 한복 윗옷으로 저고리와 같지만 저고리처럼 고름이 없고, 단추를 달아 여미도록 한
적삼도 있는데 여름용 겉적삼과 속적삼이 있다. 중국 당나라 남명천선사(南明泉禪師)가 지은《증
도가》를 성종 13년(1482) 한글로 풀이한 책인《남명집언해》에는 '적삼(赤衫)' 이라는 한자가 쓰이
고 있는데 이는 빨간 옷을 뜻하는 게 아니라 한자를 빌려 우리말을 표기한 것일 뿐이다. 적삼이란
말이 들어있는 낱말을 보면 여름철에 입는 홑옷인 '깨끼적삼' , 잠잘 때 입는 '자릿적삼', 돌날 입
는 아기옷으로 아기 허리에 한 번 감아서 매는 돌띠를 두른 저고리인 '돌띠적삼' 이 있으며, 또 여
자가 겉에 입는 셔츠 모양의 웃옷, '남자들이 여름에 입는 홑바지와 저고리인 ' 고의적삼 '과 ' 중
의적삼' 에도 적삼이란 말이 같이 쓰인다. -「daum백과」에서

모시에 대한 모시를 위한

황 정 산

(시인·문학평론가)

모시에 대한 모시를 위한

황 정 산
(시인 · 문학평론가)

1. 들어가며

그간 절제된 언어로 고향의 자연을 노래해 온 구재기 시인은 이번 시집에서 기왕의 시 세계를 유지 발전시키면서 좀 더 특별한 면모를 보여준다. 시집의 모든 작품이 '모시'라는 하나의 소재로 수렴되어 있다. 단일한 소재로 쓰여진 수십 편의 시들이 한 편 한 편 모두 완결성을 가지고 있다는 점에서 시인의 내공과 노력이 놀랍기 그지없다.

모시는 한국의 미를 이야기할 때 빠질 수 없는 존재이다. 화려하지 않으면서도 단아한 아름다움을 보여주는 모시옷의 아름다움은 한국적 소박미의 대표라 할 수 있다. 하지만 모시는 이런 멋스러움 말고도 우리 농촌의 농민들의 삶과 밀접한 관련을 맺고 있다. 그것은 생계 수단이기도 하고 또 어려운 환경에서도 멋과 맛을 잃지 않게 하는 고마운 존재이기도 하다. 모시옷과 모시 송편은 공히 우리의 멋과 맛을 대표한다고 해도 과언은 아니다.

구재기 시인의 이번 시집의 시들은 바로 이 모시의 모든 것을 보여준다. 모시와 관련된 농촌의 삶의 모습을 보여줄 뿐 아니라 모시와 관련된 용어들의 정확한 의미를 알려주고 그 단어들이 불러일으키는 정서와 삶의 맥락을 시적으로 표현하여 풍부한 함축적 의미를 되살려 내고 있다. 이는 언어학자이기보다는 시인이기에 가능한 일이다. 이런 작업을 통해 모시에 농축된 이 땅의 농민들의 삶의 모습과 그 삶에 배어 있는 정서가 언어의 힘을 빌려 생생하게 되살아나고 있다.

2. 모시의 멋과 아름다움

모시는 흔히 은근한 아름다움이라는 말로 설명되는 한국의 미를 말할 때 즐겨 언급되는 소재이다. 그것은 화려하지 않으면서도 단아하고 고급스러우면서도 소박한 아름다움을 보여준다. 하지만 이 아름다움에 도달하는 길은 결코 쉽지 않다. 이 시집의 맨 앞에 있는 서시에서 바로 이것을 알 수 있다.

내 살을 벗겨

내 살의 거죽을 벗겨

이 뜨거운 열기의 세상

조금이라도 벗어날 수 있다면

누구라 한들 마다할 수 있겠는가

생명이 붙어 있는 한

나의 밑동은 여전히 잘려나갈 것이다

한낮에 이글거리는 햇살도

한밤 어둠을 씻어내는 달빛도

모두 다 하나의 하늘빛

내 겉가죽이 익어가는 동안

잠시 바람과 함께 흔들리다가

내 잎 뒤에 숨은 은빛도

빛은 빛이라 하지만, 뜻을 세워

홀로 살아갈 수만은 없다

구름이 밀려와도 지상에는, 아직도

불타는 세상이 아닌가.

—「서시」 전문

　시인은 모시의 아름다움을 빛으로 표현하고 있다. 그것은 "잎 뒤에 숨은 은빛"처럼 은은하고 고졸한 멋이 있는 아름다움이다. 또한 그것은 자신의 겉가죽이 햇살과 달빛과 하늘빛과 함께 익어갈 때 가능한 것이기도 한 인고의 과정 속에 피어난 아름다움이다. 이러한 힘든 과정을 겪고 난

후에라야 비로소 모시는 우리에게 그 아름다움의 진면모를 보여준다. 시인은 그것을 향기로 표현하고 있다.

구름을
벗어난 달처럼
세상은 환해지리라

모시적삼
겨드랑 밑에 깃드는
갈신거리는 모시 향기

—「모시 향기」 부분

모시가 아름다운 이유는 그것이 만들어지는 과정 속에 이미 그 아름다움이 배어들기 때문이다. 다음 시가 그것을 아주 잘 설명해준다.

한여름 매운 햇살에
빨래처럼 빛바랜 채로 걸려
바람에 삐척이는 태모시에서는
푸른 물방울이 뚝뚝 떨어진다
썩 드문 일이라서
좀처럼 보기 어려운 일이다
온종일 햇살에
한껏 무르익어, 관능적으로

아름다운 모습

혼자서 마음대로

주체할 수 없는 일이다

보고 들은 대로 수다스럽게 말하여도

빨랫줄에 걸린 태모시빛

천하를 두루 돌아다니던

바람 한 줄기라 하더라도

함부로 말할 수 없는

깊은 소沼에 들어 숨어 있다

푸른 물방울이 뚝뚝 떨어져

태모시, 천인千仞의 물결

하늘 아래 하늘빛으로

바람깃에 솔솔 묻어나고 있다

—「태모시」 전문

태모시는 모시의 원사를 의미한다. 모시풀의 껍질을 벗겨 속껍질의 섬유를 분리해서 그것을 햇볕에 표백시켜 만든다고 한다. 시인은 바로 이 태모시를 만들기 위한 과정 속에서 이미 모시의 아름다움을 발견하고 있다. 그것은 "바람 한 줄기라 하더라도" 그 안에 다 숨기고 있는 그런 깊은 아름다움이다. 시인은 그것을 "천인의 물결/ 하늘 아래 하늘 빛"이라고 표현하고 있다. 천인은 천 길이 넘는 알 수 없는 깊이를 의미한다. 모시의 그 깊은 흰색은 바람과 하늘빛과 햇빛이 함께 합작하여 만들어 낸 "함부로 말할 수 없는" 그런 깊이의 색이다. 그러므로 그것은 "하늘 아래"에 있는 하늘의 빛깔인 것이다.

이렇게 해서 만들어진 모시옷은 어떤 멋을 보여줄까? 시인은 다음 시에서와 같은 탁월한 비유로 그것을 보여준다.

땡볕 속에서 더욱 짙푸르게
우우우 치솟아 오르는
저 너른 들녘을 바라보게나
모시 옷 곱게 다려 입은 듯
두루미 한 마리
의연하게 서 있는 걸 보게나
마을 정자나무 그늘에서
보석처럼 빛나는 햇살을 바라보면
삶이 어렵고 힘이 들수록
얼마나 큰 힘이 되고
위안이 되겠는가

—「모시옷을 입고」 부분

시인의 모시옷의 우아한 자태를 "의연하게 서 있는" 두루미 한 마리로 표현하고 있다. 두루미의 고고한 모습이 모시옷 입은 풍모와 닮았기 때문이고 그것은 무엇보다도 힘든 노동과 삶의 신산함 속에서도 여유와 멋을 잃지 않으려는 점에서 우리 민중들의 강인한 생명력과 삶의 여유를 보여준다고 할 수 있다. "보석처럼 빛나는 햇살을 바라보"는 것 같은 이 모시의 아름다움이 있어 "삶이 어렵고 힘이 들수록/ 큰 힘이 되고/ 위안이 되"리라고 시인은 생각하고 있다.

　이런 모시의 넉넉한 아름다움은 고향과 어머니를 떠올리게 한다.

> 아무리 무더운 여름이래도 모시적삼 앞에서는 밤공기가 참 좋습니다 저
> 만큼 산기슭으로는 법당 앞으로 길이 나 있고 송방 앞 단풍나무 아래 널
> 찍한 평상 하나 누워 있습니다 아무도 없습니다 비어 있습니다 그 위에
> 그냥 벌렁 누워 하늘의 별을 바라봅니다 아무 걸림 없이 그대로 세상을
> 마주할 수 있어서 참 좋습니다 모시적삼을 입은 옛 어머니들을 떠올리
> 다 보니 이 세상에서 떠나 고요을 즐기고 있는 듯한 느낌입니다 분명 신
> 들도 부러워할 옛 어머니의 속 깊은 모시적삼입니다.
>
> —「모시적삼」 부분

　시인은 여름밤에 하늘의 별을 바라보며 마음의 고요와 평정을 맞이한
다. 지금 우리가 살고 있는 현대적 삶에서는 좀체 맛볼 수 없는 아름다운
시간이다. 그것은 "아무 걸림 없이 그대로 세상을 마주할 수 있는" 가장
청정한 마음의 상태이다. 거기에는 세속적인 욕망도 현실의 삶이 가져
오는 나날의 고통도 사라지고 없다. 그런데 시인은 바로 이 고요 속에서
"모시적삼을 입은 옛 어머니들을 떠올"린다. 모시적삼이 보여주는 미감
이 이 고요와 평정의 마음 상태와 연결되어 있다고 생각하기 때문이다.
이 시가 '끝시'라는 부제를 달고 이 시집의 맨 마지막에 실린 이유도 여기
에 있다고 생각된다. 모시의 미감과 아름다움이 우리에게 불러일으키는
것이 바로 모시적삼을 입은 어머니의 이미지, 즉 어떤 본향의 아름다움

과 안온함이다. 결국 이 시집의 시가 보여주는 미학의 결론은 바로 이것
이라 할 수 있다.

3. 모시와 농민들의 삶

모시는 멋의 상징이긴 하지만 모시를 재배하고 가공하는 농민들에게는
삶의 많은 부분을 함께 하는 생활의 일부분이다. 모시와 관련된 일들이
일상의 삶을 규정하고 모시의 생장 과정은 그대로 이 농민들의 삶의 기록
이 된다. 다음 시에서처럼 계절의 변화마저도 모시를 통해 감지된다.

봄이 와서
여름에 이르러
모시는 비로소 꽃을 피운다
7월, 8월, 모시꽃 피어서
매미들은 울고
매미, 떼 지어 울어서
여름은 이미 절정이다
(중략)

모시꽃 피어
모시꽃 위에 쌓이는

한여름 매미 울음소리

　　　　　　　　　—「모시꽃」부분

　하지만, 아니 그렇기 때문에 모시는 농민들의 삶에 힘든 노동을 제공하는 근원이 되기도 한다. 모시를 키우고 또 수확해서 모시실을 만들고 그것을 이용해 베를 짜는 일은 모시옷이 보여주는 그 가벼운 느낌과는 달리 무겁고 힘든 고역을 필요로 한다. 다음 시는 그것을 구체적인 노동의 과정을 통해 그리고 그 과정 중에 느끼는 일하는 사람의 감각까지 재현하여 생생하게 보여주고 있다.

　비 오는 날의 골방은 눅눅하다 너무 메말라도 아니 되지만 모시 짜는 골방은 너무 눅눅하면 되는 일이 없다 베틀신을 끌어당긴다. 용두머리를 돌린다 그러나 실상은 용두마리를 돌리는 게 아니다 용두머리를 돌려 잉앗대를 잡아당기는 것이다 비 오는 날 잉아의 바디 사이로 지나는 바람이 눅눅해져서야 되겠는가 너무 눅눅해진다 하는 순간 바디 사이로 지나는 모시올 하나 툭 끊어지고 나면 베틀신을 끌던 발목이 먼저 아파지기 시작한다 북을 밀어 낚아채던 손놀림도 일시에 중단하고 만다 눈썹대에 매달려놓았던 포근한 햇솜까지도 원망스럽게 뭉쳐 나온다 비 오는 날의 골방은 너무 눅눅하다 창호지 문이 조금씩 젖어가고 물기 머금은 바람까지도 덥쳐온다 모시올이 늘어질 때마다 앙가슴에 고인 땀이 조금씩 고여 오른다

　　　　　　　　　—「비 오는 날의 베틀」전문

시에서도 설명하고 있지만 모시를 짤 때는 적당한 습기가 필요하다. 너무 습해서도 안 되고 너무 건조해서도 안 된다고 한다. 하지만 습기가 많은 비 오는 날이라고 베를 아니 짤 수는 없다. 비 오는 날의 습기 많은 공기 속에서도 베를 짜는 노동은 계속해야 한다. 그리고 그 과정에서의 고통은 배가 된다. 시인은 그 고통스러운 노동을 "창호지 문이 조금씩 젖어가고 물기 머금은 바람까지도 덥쳐온다 모시올이 늘어질 때마다 앙가슴에 고인 땀이 조금씩 고여 오른다"고 표현하고 있다. 이렇듯 모시 짜는 일은 모든 공정이 힘든 노동을 통해 이루어지고 그 힘든 노동은 계절과 일기라는 자연조건과 함께 모시를 재배하는 농민들의 삶을 규정하는 요소가 된다.

> 한 치의 어긋남도 없이
> 돌아가야 한다
> 벳날이 도투마리에
> 서로 얽혀서 감기게 해서야 되겠는가
> 모시 한 필을 얻기 위해서는
> 도투마리를 벗어날 수는 없다
> 날줄 하나하나
> 씨줄을 만나기까지
> 벳날끼리는 적당한 믿음이 있어야 한다
> (중략)
> 아, 시집살이 십여 년

내가 믿으란다고 믿고
믿지 말란다고 믿지 않고
또 누가 이러고저러고 한다고
흔들려서 살아가야 하는가
흐르는 땀방울을
끝내 견디지 못하여
겨드랑이 밑으로,
뱁댕이 하나 지르고 나면
베매기에 앉아있는 시간에는
시발점과 종점도 보이지 않는다

—「뱁댕이」 부분

시 속의 화자는 시집살이하는 농촌 아낙네로 설정되어 있다. 베를 짜야 하는 힘든 노동과 함께 시집살이라는 고통까지 더해져 있는 힘든 삶을 영위하고 있다는 것은 짐작하고도 남음이 있다. 하지만 화자는 베를 짜면서 '믿음'이라는 가치를 생각한다. 베를 짜는 것은 날줄과 씨줄의 만남이고 그것은 믿음이 없으면 불가능하기 때문이다. 이 믿음으로 시적 화자는 힘든 하루하루의 삶을 견디며 살고 있다. 이 시에서 보듯 이렇게 힘든 노동이 농민들의 삶에 고통만을 주는 것은 아니다. 이런 힘든 노동을 통해 삶에 대한 지혜를 얻게 된다. 다음 시도 이를 잘 보여준다.

물 축인 태모시 끝
무딘 모시올을 부드럽게

톺에 올려놓고 긁어댄다
힘을 주어 훑어낸다
한때 검은 구름이 사방에 일어
번개가 치며 천둥이 울고
온 땅에 마구 쏟아지는 빗발처럼
마음이 잡히지도 머물지도 않으면
든든한 톺을 내려놓고
물에 흠씬 젖은 태모시를
힘주어 훑어내고 긁어댄다
어느 새
미쁨의 터전이 되어버린 톺
뻣뻣하던 태모시 한 올 한 올
물먹은 솜처럼 부드러워지고
세상에서 만나기 힘든 것도
쉽게 얻어지게 하는 톺
마음은 벌써
안온에 들어있다

―「톺」전문

톺은 모시를 삶을 때 그 끝을 긁어 훑어내는 데 쓰는 도구의 이름이다.
이 도구를 사용해서 질기고 거친 태모시를 부드럽고 섬세한 모시실로 풀
어낸다. 시인은 이 톺질의 과정을 통해 세상을 사는 지혜를 생각한다. 톺
질을 통한 부드러움을 만드는 것이 "세상에서 만나기 힘든 것도/ 쉽게 얻

어지게" 한다는 것을 깨닫는다. 그것이 바로 안온한 마음을 갖는 일이라는 것이다. 노동이 삶의 깨달음을 준다는 것을 이것이 잘 말해준다. 노동은 주체가 대상과 만나는 과정이다. 이런 만남을 통해 대상을 변화시키면서 자신의 힘을 인식하고 사고를 발전시킨다. 노동이 인간을 주인으로 만드는 이유이기도 하다.

4. 모시 용어의 발굴과 기록

한 연구에 따르면 전 세계적으로 일 년에 수십 개의 언어가 사라져 가고 있다고 한다. 말이 사라져 간다는 것은 하나의 종족, 하나의 문화가 사라지는 일이다. 이런 일은 우리 안에서도 일어나고 있다. 수많은 새로운 말이 만들어지고 또 사용되고 있지만 그 한편에서는 또 많은 우리말이 사라져 가고 있다. 이 말이 사라져 간다는 것은 이 말들로 표현된 삶의 일부가 망실되어 간다는 것을 의미한다. 구재기 시인은 바로 이 사라져가는 말들을 복원하고자 이 시집을 구상하고 또 시들을 썼다고 생각된다. 이 시집에는 농촌에서 사용하는 많은 언어들 특히 모시와 관련된 수많은 단어가 나온다. 모시가 점차 다른 첨단 소재들에 밀려 사라져가면서 이 용어들도 머지않아 사라질 운명일 것이다. 이들이 더 이상 쓰이지 않는다 하더라도 이 시집의 노력이 그것들을 언젠가는 다시 되살려 주리라 생각된다.

놓일 자리에
층 나지가 않으니
놓인 자리를 지켜나간다
자리할 수 있는 자리가
진정한 자리가 될 수 있도록
날줄 하나 어긋남이 없이
이어져 있는 모시올
서로 밀접하게 붙어 있으면서도
날줄 하나하나 말려 있는
도투마리를 바라보면서
날줄과 날줄 사이에도
어엿한 한 자리가 있음을 안다
동서 밑 시집살이
오뉴월에도 서릿발 친다는데
이 한 밤 먼 곳에서
개 짓는 소리는 왜 그리 요란한가
고요한 마음을 단정히 하면
있다가 없는 것은
한갓 향 없는 향로일 뿐
다울대로 도투마리를 돌려
날실을 한 고팽이씩 풀어가노라면
창호지 문밖의 달과
달빛은 여전 뚜렷하여
차라리 향기롭기만 하다

―「도투마리」 전문

이 시만 보더라도 모시를 재배하는 농민들이 아니라면 알 수 없는 많은 단어가 나온다. 도투마리(날실을 감는 틀), 다울대(도투마리를 돌리는 막대기), 고팽이(도투마리를 한 번 돌리는 동작) 등이 바로 그것이다. 모시베를 짜는 베틀에 여러 장치와 작동과정을 말해주는 이름들이다. 이 외에도 베틀을 구성하는 많은 장치의 이름들이 이 시 곳곳에 등장한다. 시인은 주를 통해 친절하게 그것의 용도와 작동원리를 설명해주고 있다. 베틀 이름뿐 아니라 모시를 재배하고 그것을 가공하는 데 사용하는 도구들과 그 절차를 표현하는 수많은 용어를 이 시집의 시들이 총망라해서 보여주고 있다. 과히 모시 용어 사전이라 해도 결코 지나치지 않을 정도이다.

이 시집을 읽으면서 알게 된 용어들은 수없이 많다. 그중 일부만 소개해 보자. '볏불'은 모시를 맬 때 모시의 날실을 말리기 위하여 날실 밑에 놓는 불로 주로 왕겨를 이용한다고 한다. '마전'은 베틀에서 떼어낸 모시베가 누런색이기 때문에 이것을 하얗게 표백하는 과정을 말한다. '쩐지'는 모시올을 하나하나 잇기 위하여 쩬 모시를 걸어놓은 기구를 말한다. '꾸묵'은 모시를 째 모시올을 만들고 남은 짜투리로 남은 모시올을 말한다. 이 꾸묵으로는 노끈을 만든다고 한다. 이런 용어들이 사라져 간다는 것은 슬픈 일이다. 하지만 구재기 시인은 이 사라져갈 운명을 가진 용어들을 아름다운 시어로 변화시켜 영원히 간직하도록 만들고 있다.

그런데 이 시집의 시들은 이런 용어들을 단지 그 의미를 설명하는 데서 그치지 않고 그러한 용어들이 불러일으키는 정서와 사고를 함께 보여

줌으로써 그 용어들이 품고 있는 풍부한 함축적 의미까지를 우리에게 생
각하도록 하고 있다. 이런 작업은 언어학자나 방언 연구자들만으로는 가
능하지 않고 오직 시인만이 할 수 있는 일이다.

드디어
모시를 매는 날이로구나
아침부터 바쁘다. 아버지는
우선 왕겨를 모아 불을 지피고
큰 누이는 어제부터
풋닛가루를 만드느라 바쁘다
바디 낀 모시를 도투마리에 매고
끌개에 매달아 고정시키고
잘디 잔 풀뿌리로 만든
묵직하고 커다란 벳솔에
개어놓은 풋닛가루를 듬뿍 묻혀
모시올 하나하나 골고루 발라댄다
왕겨불이야 너무 세면 안 되지
팽팽해진 모시올이 끊어지게 해서야 되나
그렇다고 너무 약하면
모시올은 축 처지게 마련이지
그렇지, 세상일도 다 그렇지
뭐든지 적당해야 하는 걸
잊어야할 아픔을 잊을 줄 알고
담아 둘 일은 가슴속에 밀어 넣으며

두벌일이 되게 할 수야 없지
처마밑에 머물던 한여름 볕이
토방에 내려 앉아 편안함일 때
도투마리에 모시를 감던 두 손으로
어머니는 이마에 흐르는
땀을 닦아내며
공손히 두리기를 맞는다

　　　　　　　　　　　—「모시매기」 전문

　마지막 행의 '두리기'는 둥그런 두리반에 음식을 차려놓고 둘러앉아 먹
는 일을 말한다. 그런데 이 용어가 주는 함축적 의미는 단지 여기에 그치
지 않는다. 그것은 농촌 삶에서 느끼는 공동체적 정서를 상징적으로 보
여주는 것이기도 하고 또 어머니를 생각하는 향수의 이미지이기도 하
다. 또한 둘째 행의 "모시 매는"에서 '매다'는 '다했다'라는 완성의 의미를
가지고 있는 말이다. 그런데 이 말에는 단지 끝냈다, 라는 의미와는 조금
다른 함축적 의미를 담고 있다. 거기에는 힘든 노동의 과정과 그것을 참
고 견디는 농민들의 은근과 끈기와 함께 일을 완성한다는 두레의 정신이
모두 들어 있다.
　이렇듯 구재기 시인의 이 모시 시집의 시들은 모시와 관련된 언어사전
의 기능을 하고 있지만 여기에 머물지 않고 풍부한 용례를 보여주어 거
기에 정서적 함축적 의미를 더함으로써 그 어떤 사전도 할 수 없는 의미
있는 작업을 수행하고 있다. 이런 시인의 노력이 있기에 우리말은 더 아

름다워지고 더 풍성해지고 더 윤택해질 것이다.

5. 맺으며

한 소재를 가지고 하나의 시집을 꾸린다는 것은 쉬운 일이 아니다. 자칫 소재에 집착한 나머지 각 시편의 완성도가 떨어질 가능성이 크기 때문이다. 하지만 구재기 시인의 이번 시집의 시들은 이러한 우려를 말끔히 씻어 보여주고 있다. 시 한 편 한 편이 생생한 이미지와 분명한 메시지를 담고 있는 완결된 미학을 보여준다. 이는 시인의 사유의 깊이와 시력이 어느 정도인지를 잘 말해준다.

모시는 한국적 아름다움을 대표하는 것 중 하나이다. 소박하면서도 단아하고 정갈하면서도 또한 감각적이기도 하다. 구재기 시인의 시들은 바로 이런 미학을 잘 드러내고 있다. 뿐만 아니라 이러한 아름다움에 대한 탐구에 그치지 않고 그의 시들은 모시의 아름다움 뒤에 감춰져 있는 농민들의 삶과 노동에 대한 애정도 함께 보여준다. 그의 시에 땀 냄새가 배어 있는 이유는 바로 여기에 있다. 오랜 시간 이 어려운 작업을 해 온 시인에게 경의를 표하며 글을 마친다.

시와소금 시인선 111

모시올
　　사이로
　　바람이
ⓒ구재기, 2019. printed in Seoul, Korea

초판 1쇄 인쇄 2019년 12월 15일
초판 1쇄 발행 2019년 12월 20일
지은이 구재기
펴낸이 임세한
펴낸곳 시와소금
디자인 유재미 정지은

출판등록 2014년 1월 28일 제424호
발행처 강원 춘천시 충혼길20번길 4, 1층 (우-24436)
편집실 서울시 중구 퇴계로50길 43-7 (우-04618)
전화 (033)251-1195(팩스겸용), 휴대폰 010-5211-1195
전자주소 sisogum@hanmail.net
ISBN   979-11-6325-005-0 03810

값 15,000원

 • 이 시집은 2018년 아르코문학창작기금의 수혜를 받아 발간되었습니다.